CINTIA APARECIDA DE SOUSA
JÉSSICA ALESSANDRA DE JESUS MARQUÊS

MINIMANUAL DE GRAMÁTICA

LÍNGUA PORTUGUESA

COPYRIGHT © 2011 – EDITORA VALE DAS LETRAS

Todos os direitos reservados à:

Editora Vale das Letras Ltda.

Todos os direitos reservados e protegidos pela lei 9.610/1998. Nenhuma parte deste livro, sem autorização prévia por escrito da editora, poderá ser reproduzida ou transmitida, sejam quais forem os meios empregados: eletrônicos, mecânicos, fotográficos, gravações ou quaisquer outros.

CAPA E PROJETO GRÁFICO
Editora Vale das Letras

DIREÇÃO EDITORIAL
Eureka Soluções Pedagógicas

ASSESSORIA PEDAGÓGICA
Eureka Soluções Pedagógicas

AUTORIA E PRODUÇÃO
Cintia Aparecida de Sousa
Jéssica Alessandra de Jesus Marquês

REVISÃO
Iara de Oliveira

```
Dados Internacionais de Catalogação na Publicação (CIP)
       (Câmara Brasileira do Livro, SP, Brasil)

Sousa, Cintia Aparecida de
   Minimanual de gramática : língua portuguesa /
Cintia Aparecida de Sousa, Jéssica Alessandra de
Jesus Marquês. -- Blumenau, SC : Editora Vale das
Letras, 2019.

   ISBN 978-85-5550-241-5

   1. Gramática - Estudo e ensino 2. Língua
portuguesa - Estudo e ensino I. Marquês, Jéssica
Alessandra de Jesus. II. Título.

19-29365                              CDD-469.507
```

Índices para catálogo sistemático:

1. Língua portuguesa : Gramática : Estudo e ensino
   469.507

Cibele Maria Dias - Bibliotecária - CRB-8/9427

Rua Bahia, 5115 - Salto Weissbach - CEP: 89032-001 - Blumenau/SC
CNPJ: 05.167.347/0001-47 - SAC: +55 (47) 3340-7045
editora@valedasletras.com.br / www.valedasletras.com.br

MINIMANUAL DE GRAMÁTICA
LÍNGUA PORTUGUESA

MINIMANUAL
DE GRAMÁTICA
LÍNGUA PORTUGUESA

SUMÁRIO

FONÉTICA E FONOLOGIA..7

ACENTUAÇÃO GRÁFICA..17

ORTOGRAFIA..22

HÍFEN..31

ESTRUTURA DAS PALAVRAS..34

SUBSTANTIVO..44

ADJETIVO..65

ARTIGO..74

NUMERAL..75

PRONOMES..81

VERBO 89

ADVÉRBIO..130

PREPOSIÇÃO..134

CONJUNÇÃO E INTERJEIÇÃO..136

FRASE, ORAÇÃO, PERÍODO..141

TERMOS DA ORAÇÃO..144

ORAÇÕES COORDENADAS..158

ORAÇÕES SUBORDINADAS 160

CONCORDÂNCIA NOMINAL......................................171

CONCORDÂNCIA VERBAL..178

REGÊNCIA..190

CRASE...199

FUNÇÕES DAS PALAVRAS "QUE" E SE"....................202

PONTUAÇÃO...205

FIGURAS DE LINGUAGEM...211

VÍCIOS DE LINGUAGEM...217

FONÉTICA E FONOLOGIA

A Fonética é o campo da Linguística que se dedica ao estudo dos sons falados, ou seja, a língua em sua realização, enquanto a Fonologia estuda os fonemas da língua. Entende-se por fonema a menor unidade significativa que compõe o sistema linguístico de uma língua.

Os fonemas de um língua distinguem vocábulos semelhantes, já que cada fonema possui uma unidade significativa, observe:

> **L**ara – **t**ara – **c**ara – **S**ara

No exemplo, /l/, /t/, /c/ e /s/ são fonemas, pois diferenciam as palavras pela mudança de uma única letra das palavras. Cabe ressaltar que fonema e letra não são a mesma coisa. Letra é a representação gráfica dos fonemas de uma língua, enquanto o fonema são as unidades sonoras mínimas da língua. Em alguns casos, o número de letras é igual ao de fonemas, mas em outros não há coincidência, veja os exemplos:

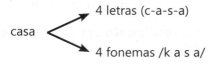

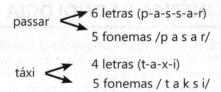

CLASSIFICAÇÃO DOS FONEMAS

Os fonemas na língua portuguesa classificam-se em vogais, semivogais e consoantes.

Vogais

Ocorrem quando o fonema produzido resulta da vibração das cordas vocais, sem a obstrução da passagem da corrente de ar. As vogais funcionam como o centro da sílaba, já que na Língua Portuguesa não há sílaba sem vogal.

Em um estudo sobre a estrutura da Língua Portuguesa, Câmara Jr. (1970) mostrou que a língua oral é muito mais complexa do que o uso aparentemente simples e regular das cinco vogais latinas presentes na escrita "a, e, i, o, u", já que na língua oral encontramos

12 fonemas: /a/, /ã/, /ê/, /é/, /ẽ/, /i/, /ĩ/, /ô/, /ó/, /õ/, /u/ e /ũ/.

Os fonemas vocálicos são classificados de acordo com o Quadro 1.

Semivogais: ocorrem quando os fonemas /i/ e /u/ unem-se a uma vogal para formar a parte vocálica:

Quadro 1

Quanto à oralidade e à nasalidade			
Orais	São produzidas apenas com o som que sai da cavidade bucal sem obstrução.	/a/, /é/, /ê/, /i/, /ó/, /ô/ e /u/	arara, c**é**u, bel**e**za, hip**o**pótamo, **ó**cul**o**s, **u**r**u**b**u**
Nasais	São produzidas com o som saindo pela cavidade bucal e nasal (com o abaixamento do palato duro).	/ã/, /ẽ/, /ĩ/, /õ/ e /ũ/	ma**çã**, le**n**ço, li**ng**uiça, mo**n**te, mu**n**do
Quanto ao timbre			
Abertas	São produzidas sem o abaixamento do palato, permitindo que o ar saia livremente.	/a/, /é/ e /ó/	c**a**sa, m**é**dico, cip**ó**
Fechadas	São produzidas com um leve abaixamento do palato duro, sem caracterizar uma obstrução.	/ê/, /ô/, /i/, /u/ e todas as nasais	elef**a**nte, c**o**po, **i**lha, p**u**ro

9

Observação: em alguns itens lexicais, os fonemas /e/ e /o/ podem aparecer como semivogais, ressaltando que é apenas no final da palavra, devido a essas vogais serem pronunciadas como /i/ e /u/ respectivamente.

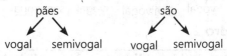

Consoantes: são aqueles fonemas em que os sons são produzidos com a obstrução do ar na passagem pelo aparelho fonador; acompanham a vogal para formar a sílaba. As consoantes classificam-se de acordo com o Quadro 2:

Quadro 2

Quanto ao modo de articulação		
Oclusivas	A corrente de ar encontra um obstáculo total (oclusão), que impede a saída do ar, mas esse obstáculo se abre e o som é produzido.	/p/, /b/, /t/, /d/, /k/, /g/
Constritivas	Há um estreitamento do canal bucal, isto é, a corrente de ar encontra um obstáculo parcial. As constritivas são classificadas em:	/f/, /v/, /s/, /z/, /ch/, /j/

Constritivas	fricativas: quando a corrente de ar passa por uma estreita fenda, produzindo um ruído semelhante a uma fricção.	/l/, /lh/
	laterais: quando o dorso da língua se apoia no palato duro (céu da boca), com isso, a corrente de ar sai pelas fendas laterais da boca.	/r/
	vibrantes: quando a ponta mantém com os alvéolos contato, acarretando uma vibração.	

Quanto ao ponto de articulação

Bilabiais	Ocorrem quando há presença dos lábios na produção do som.	/p/, /b/, /m/
Labiodentais	Ocorrem quando há contato da ponta da língua com os dentes superiores.	/f/, /v/
Alveolares	Ocorrem quando há contato da ponta da língua com os alvéolos dos dentes superiores.	/t/, /d/, /n/

Palatais	Ocorrem quando há contato do dorso da língua com o palato duro, ou céu da boca.	/ch/, /j/, /lh/, /nh/
Velares	Ocorrem quando há contato do dorso da língua com o palato mole, o véu palatino.	/k/, g/, /r/
Quanto às cordas vocais		
Surdas	Ocorrem quando os sons são produzidos sem a vibração das cordas vocais.	/p/, /t/, /k/, /f/, /s/, /x/
Sonoras	Ocorrem quando os sons são produzidos com vibração das cordas vocais.	/b/, /d/, /g/, /v/, /z/, /j/, /l/, /lh/, /r/, /m/, /n/, /nh/
Quanto ao papel das cavidades bucal e nasal		
Nasais	Ocorrem quando a corrente de ar passa pela boca e pelo nariz, em virtude do abaixamento do véu palatino.	/m /, /n/,/ nh/
Orais	Ocorrem quando a corrente de ar sai apenas pela boca.	Todas as outras consoantes

1.2 ENCONTROS VOCÁLICOS

Existem três tipos de encontros vocálicos: ditongos, tritongos e hiatos.

Ditongos

É o encontro de uma vogal e uma semivogal ou de uma semivogal e uma vogal em uma mesma sílaba.

Classificam-se em:

Crescentes	São formados por uma semivogal seguida de uma vogal.	glória semivogal vogal
Decrescentes	São formados por uma vogal seguida de uma semivogal.	beijo vogal semivogal

Observação: na Língua Portuguesa os ditongos podem ser orais (pai) ou nasais (mãe).

Tritongos

Tritongo é o encontro de uma semivogal, uma vogal e outra semivogal em uma mesma sílaba.

Hiato

É o encontro de duas vogais em uma mesma sílaba, as quais são pronunciadas de maneiras distintas.

ENCONTROS CONSONANTAIS

Na Língua Portuguesa, encontros consonantais consistem no encontro de duas ou mais consoantes sem o intermédio de uma vogal. Estes podem ser:

Perfeitos	As consoantes permanecem na mesma sílaba quando é feita a divisão silábica. Nesse caso, a segunda consoante geralmente é l ou r.	pra-to cla-ra
Imperfeitos	As consoantes não permanecem na mesma sílaba quando é feita a divisão silábica, ou seja, são separáveis.	cac-to, ap-to
Mistos	São itens lexicais que possuem tanto encontro consonantal perfeito quanto imperfeito.	dis-ci--pli-na

DÍGRAFOS

Dígrafo é a união de duas letras para a produção de um único som. Na Língua Portuguesa, há dois tipos de dígrafos:

Consonantais	É o encontro de duas consoantes que representa um fonema consonantal.	ch / lh / nh rr / ss / sc sç / xc gu e qu seguidos de e ou i	churro / filha galinha / carro / assado crescer / desço exceto / guerra / quilo
Vocálicos	É o encontro de duas consoantes que representa um fonema vocálico.	am, an / em, en/ im, in / om, on um, un	pampa, janta / / tempo, tentação limpar, /mina sombra, congresso /algum, mundo

Observação: No dígrato, há apenas um som produzido; no encontro consonantal, todas as consoantes são pronunciadas.

SÍLABA

Sílaba é um grupo de um ou mais fonemas, que são pronunciados de uma única vez, sendo a base desse conjunto a vogal. Quanto ao número de sílabas, as palavras classificam-se em:

Monossílabas	Possuem apenas uma sílaba.	mar, dor, cor
Dissílabas	Possuem duas sílabas.	ca-fé, do-ce, ca-sa

Trissílabas	Possuem três sí-labas.	mé-di-co, xí-ca-ra, pa-co-te
Polissílabos	Possuem mais de três sílabas.	car-to-li-na, com-pu-ta-dor, se-ca-do-ra

DIVISÃO SILÁBICA

A divisão silábica na Língua Portuguesa escrita é expressa por meio do hífen, sempre com base na pronúncia das sílabas dos vocábulos.

li-vro   ca-der-no   a-li-an-ça

Para fazer a divisão silábica:

Separam-se	
as vogais dos hiatos	sa-ú-de / pa-ís
as consoantes dos dígra-fos ss, rr, sc, sç,xc	as-sa-do / car-ro des-ci-da / cres-ça / ex-ce-to
os encontros consonantais em sílabas diferentes	ap-to / ad-vo-ga-do as-pec-to
Não se separam	
os dígrafos qu, gu ch, lh e nh	ques-tão / á-gua chu-va / ga-lho e ma-nhã

os encontros consonantais que iniciam sílaba (l e r)	blu-sa / pra-to
a consoante inicial seguida de outra consoante	psi-có-lo-go / qno-mo
ditongos	his-tó-ria / sé-rie
tritongos	sa-guão / Pa-ra-guai

ACENTUAÇÃO GRÁFICA

Algumas palavras, com a reforma ortográfica mais recente, perderam a acentuação. É o caso de heroico, embora herói continue sendo acentuada.

As palavras, na Língua Portuguesa, apresentam na entonação uma sílaba de mais destaque, a qual se pronuncia com maior intensidade e força. Essa sílaba é denominada sílaba tônica.

Os monossílabos, por possuírem apenas uma sílaba, são classificados em átonos e tônicos:

Monossílabos átonos: não possuem acentuação própria e, por isso, são pronunciados com menor intensidade.

> **o, lhe, me, se, a**

Monossílabos tônicos: possuem acentuação própria e, pronunciados com maior intensidade.

> **lá, pá, mim, tu**

As palavras com mais de uma sílaba são classificadas de acordo com a posição da sílaba tônica.

Observe:

Classificação das palavras quanto à sílaba tônica		
Oxítonas	A sílaba tônica é a última sílaba da palavra.	a-**mor** a-**vó** chi-**nês**
Paroxítonas	A sílaba tônica é a penúltima sílaba da palavra.	**bo**-ca **lá**-pis la-**ran**-ja
Proparoxítonas	A sílaba tônica é antepenúltima sílaba da palavra.	**mé**-di-co a-**grô**-no-mo **lí**-qui-do

Em alguns itens lexicais, na linguagem escrita, para identificar a sílaba mais forte usa-se um sinal sobre a vogal da sílaba tônica. Esses sinais são denominados acentos gráficos e apresentam-se de duas maneiras: quando a vogal for pronunciada com um som aberto usa-se o acento agudo ('); quando o som for pronunciado fechado utiliza-se o acento circunflexo (^).

Para fazer uso correto desses acentos, convém observar algumas regras de acentuação gráfica.

REGRAS GERAIS

1. Todas as palavras **proparoxítonas** são acentuadas:

• psicólogo, xícara, bêbado, física, ônibus

2. Acentuam-se as palavras **paroxítonas** terminadas em:

- **i(s):** lápis, táxi, júri, tênis / **us:** vírus, ônus
- **um/uns:** húmus, álbuns / **r:** caráter, repórter,
- **x:** tórax, fênix, / **n:** pólen, próton, / **l:** fértil, projétil,
- **ditongo:** água, círio, cárie, área, ócio
- **ão(s):** órfão, órgão, órfãos, órgãos
- **ã(s):** imã, órfã / **ps:** bíceps, tríceps

3. Acentuam-se as **oxítonas** terminadas em:

- **a(s):** Araxá, Paraná / **e(s):** café, você
- **o(s):** avó, avô / **em(ens):** também, ninguém

4. Acentuam-se os **monossílabos tônicos** terminados em:

- **a(s):** pá, pás / **e(s):** pé, pés, pré / **o(s):** pó, pós

5. Acentuam-se os **ditongos** de pronúncia aberta de palavras **oxítonas** e **monossílabas:**

- **eu:** réu, chapéu / **ei:** pastéis, coronéis / **oi:** herói,

6. Acentuam-se as vogais **i** e **u** que formam **hiato** com a vogal anterior:

sa-í-da, sa-ú-de, ba-ú, ju-í-zo, pa-ís

Observação: Não se acentuam as vogais **i** ou **u** quando essas formarem **hiatos** e forem seguidas na mesma sílaba pelas consoantes: **l, m, n, r,** ou o dígrafo **nh**.

ra-ul, ru-im, ra-iz, sa-ir-des, ra-i-nha.

> 7. Os verbos **ter** e **vir** recebem acento circunflexo na 3ª pessoa do plural quando conjugados no presente do indicativo:
>
> Singular: ele tem, ele vem / Plural: eles **têm**, eles **vêm**
>
> **Observação:** os verbos derivados de **ter** e **vir** recebem acento agudo na 3ª pessoa do singular e acento circunflexo na 3ª pessoa do plural.
>
> Singular: ele retém, ele intervém / Plural: eles **retêm**, eles **intervêm**

NOVO ACORDO ORTOGRÁFICO DA LÍNGUA PORTUGUESA

No ano de 2009, a Língua Portuguesa sofreu algumas modificações. Para ficar por dentro das novas regras de acentuação gráfica confira o quadro:

Nova regra	Regra antiga	Exemplos
Ditongos abertos (ei, oi) não são mais acentuados em palavras paroxítonas.	assembléia, platéia, idéia, colméia, boléia, panacéia, Coréia, hebréia, bóia, paranóia, jibóia, apóio, heróico, paranóico	assembleia, plateia, ideia, colmeia, boleia, panaceia, Coreia, hebreia, boia, paranoia, jiboia, apoio, heroico, paranoico

Observação. 2: O acento no ditongo aberto "eu" continua: chapéu, véu, céu, ilhéu.

O hiato "oo" não é mais acentuado.	enjôo, vôo, corôo, perdôo, côo, môo, abençôo, povôo	enjoo, voo, coroo, perdoo, coo, moo, abençoo, povoo
O hiato "ee" não é mais acentuado.	crêem, dêem, lêem, vêem, relêem, revêem	creem, deem, leem, veem, releem, reveem
Não existe mais o acento diferencial em palavras homógrafas.	pára (verbo), péla (substantivo e verbo), pêlo (substantivo), pêra (substantivo), péra (substantivo), pólo (substantivo)	para (verbo), pela (substantivo e verbo), pelo (substantivo), pera (substantivo), pera (substantivo), polo (substantivo)

Observação: O acento diferencial ainda permanece no verbo "poder" (3ª pessoa do Pretérito Perfeito do Indicativo – "pôde") e no verbo "pôr'" para diferenciar da preposição "por".

Não se acentua a letra "u" nas formas verbais rizotônicas, quando precedida de "g" ou "q" e antes de "e" ou "i"	argúi, apazigúe, averigúe, enxagúe, enxagúemos, obliqúe	argui, apazigue, averigue, enxague, ensaguemos, oblique
Não se acentua mais "i" e "u" tônicos em paroxítonas quando precedidos de ditongo.	baiúca, boiúna, cheiínho, saiínha, feiúra, feiúme	baiuca, boiuna, cheiinho, saiinha, feiura, feiume
Não existe mais o trema em Língua Portuguesa. Apenas nomes próprios e seus derivados, exemplo: Müller, mülleriano.	agüentar, conseqüência, cinqüenta, frqüência, freqüente, eloqüente, pingüim, tranqüilo, lingüiça	aguentar, consequência, cinquenta, frequência, frequente, eloquente, pinguim, tranquilo, linguiça.

ORTOGRAFIA

O uso correto da linguagem torna a comunicação mais eficiente.

REGRAS GERAIS

Emprego da letra H

• Inicial em palavras etimológicas: hesitar, herói, homologar, hilário, hélice;

- em dígrafos após as letras l, c ou n: chá, chácara, chave, boliche, telha, companhia;

- em algumas interjeições: Ah! Oh! Hum!

Emprego da letra E

- em algumas conjugações de verbos terminados em -uar: continue (do verbo continuar), pontue (do verbo pontuar);

- em algumas conjugações de verbos terminados em -oar: abençoe (do verbo abençoar), perdoe (do verbo perdoar);

- quando o prefixo ante (anterior, antes) forma palavras: antebraço, antessala.

Emprego da letra I

- em algumas conjugações de verbos terminados em -uir: possui (do verbo possuir), diminui (do verbo diminuir);

- quando o prefixo anti (contra) forma palavras: anticristo, antitetânico.

Representação do fonema S

Não há uma regra específica para a representação desse fonema. É necessário, portanto, ler muito para ter domínio da escrita das palavras de modo geral.

- **C, Ç**: anoitecer, cimento, dançar, paçoca

- **S:** ansiedade, cansado, pretensão

- **SS:** acessar, discussão, obsessão, sossegar

- **SC, SÇ:** acréscimo, adolescente, crescer, piscina

- **X:** aproximação, máximo, proximidade, trouxe

- **XC:** excelência, excêntrico, excessivo, excesso

Emprego do S com som de Z

- em adjetivos com sufixos -oso, -osa, -ês, -esa, -ese, -isa, -ose: francesa, corajosa, teimoso, camponês, poetisa, glicose, catequese;

- quando o radical do verbo terminar em -s: atrasar (de atrás), abrasar (de brasa);

- nas conjugações dos verbos pôr e querer e suas derivações: pusemos, impuser, quisemos, quisera.

Emprego da letra Z

- em palavras terminadas em -zal, -zeiro, -zinho, -zinha, -zito, -zita: manguezal, cinzeiro, pezinho, vizinha;

- em palavras derivadas em que o radical termina por -z: raizama, enraizado, raizeiro (derivadas de raiz);

- em algumas conjugações de verbos terminados em -izar: atualizar, agonizar;

- em substantivos abstratos que terminam por eza: estranheza, beleza, grandeza.

Emprego da letra G

- Em palavras terminadas em -agem, -igem, -ugem: garagem, viagem, ferrugem;

- em palavras terminadas em -ágio, -égio, -ígio, -úgio: relógio, estágio, prodígio, refúgio;

- em palavras derivadas de outros elementos que são grafados pela letra g: ferruginoso (de ferrugem), massagista (de massagem).

Emprego da letra J

- quando as palavras que derivam de outras possuem a terminação -ja: laranjeira, laranjinha (derivadas de laranja);

- utiliza-se em todas as conjugações de verbos terminados em -jar ou -jear: viajei, viaje, viajemos (do verbo viajar);

- em palavras derivadas em que a terminação é com a letra j: nojeira, nojento (da palavra nojo);

- em palavras de origem indígena: canjica, jequitibá, jiló, pajé.

Emprego do X

- em palavras de origem indígena: xavante, abacaxi, orixá;

- geralmente depois de ditongo: caixa, ameixa, faixa;

- depois de sílabas que iniciam por en ou me: enxada, mexicano, mexer.

Emprego do CH

Não há uma regra específica para este domínio, é necessário, portanto, ler muito para ter domínio da escrita das palavras de modo geral. Exemplos: mecha, chuchu, pechincha.

HOMÔNIMOS E PARÔNIMOS

Homônimos:

São palavras cuja escrita é idêntica, porém seus significados são diferentes. Os homônimos são classificados em três tipos:

- **Homônimos perfeitos:** ocorrem quando a grafia e o som das palavras são iguais.

cedo (advérbio) / **cedo** (verbo ceder)
meio (numeral) / **meio** (adjetivo)
meio (substantivo)

- **Homônimos homófonos:** ocorrem quando o som das palavras é igual, mas a grafia é diferente.

incerto (duvidoso) / **inserto** (incluso, inserido)

- **Homônimos homógrafos:** ocorrem quando se tem a grafia igual, porém som diferente.

   sede (vontade de beber) / **sede** (residência)

LISTA DE HOMÔNIMOS

- **a cerca de** (sobre, a respeito de) **há cerca de** (relacionado a tempo, faz aproximadamente)
- **almoço** (refeição) **almoço** (verbo almoçar)
- **apreçar** (colocar o preço) **apressar** (aumentar a velocidade, acelerar)
- **bucho** (estômago de animas que ruminam, como bois, girafas, camelos) **buxo** (planta de ornamentação)
- **caçar** (perseguir animais) **cassar** (cancelar, anular)
- **cela** (compartimento de prisões ou conventos) **sela** (arreio)
- **censo** (fazer recenseamento) **senso** (advêm da palavra sensatez, discernimento)
- **cessão** (ceder, ato de doar) **seção** ou **secção** (divisão, corte) sessão (reunião)
- **chá** (bebida) **xá** (título de soberano oriental)
- **concerto** (harmonia, combinação) **conserto** (remendo, reparação)
- **chalé** (casa de campo) **xale** (utensílio de vestimenta)

- **cheque** (folha bancária para pagamento a prazo) **xeque** (jogada que marca a vitória no jogo de xadrez)

- **coser** (ato de costurar) **cozer** (ato de cozinhar)

- **esperto** (pessoa ativa, dinâmica, inteligente) **experto** (entendido, perito, especialista)

- **espiar** (olhar escondido) **expiar** (sofrer castigo ou punição)

- **fúsil** (que se pode fundir) **fuzil** (arma de fogo)

- **incipiente** (iniciante) **insipiente** (ignorante)

- **laço** (laçado) **lasso** (frouxo, cansado)

- **taxa** (tributo, pagamento) **tacha** (prego pequeno, brocha)

- **taxar** (estabelecer preço) **tachar** (censurar, notar defeito)

Parônimos

São palavras cuja forma é semelhante, porém os significados são distintos.

soar (produção de som) / **suar** (transpiração)

LISTA DE PARÔNIMOS

- **acerca de** (a respeito de, sobre) **cerca de** (aproximadamente)

- **acender** (provocar fogo) **ascender** (subir, crescer)

- **acento** (acentuação) **assento** lugar para sentar)
- **afim** (com afinidade, semelhante) **a fim de** (com a finalidade de)
- **arrear** (pôr arreios) **arriar** (abaixar)
- **comprimento** (extensão) **cumprimento** (saudação)
- **conjetura** (suposição, hipótese) **conjuntura** (situação, circunstância)
- **deferir** (conceder) **diferir** (adiar)
- **descrição** (representação) **discrição** (ser discreto)
- **descriminar** (inocentar) **discriminar** (diferenciar, distinguir)
- **despensa** (compartimento) **dispensa** (libertação, desobrigação)
- **despercebido** (desatento) **desapercebido** (desprevenido)
- **discente** (alunos) **docente** (professores)
- **emergir** (subir) **imergir** (descer)
- **emigrante** (relativo a quem sai) **imigrante** (relativo a quem entra)
- **eminente** (nobre, excelente) **iminente** (prestes a acontecer)
- **estada** (permanência - relativo à pessoa) **estadia** (permanência - relativo a veículo)
- **flagrante** (evidente) **fragrante** (aromático)

- **indefesso** (incansável) **indefeso** (sem defesa)
- **infligir** (penalizar, castigar) **infrigir** (violar, transgredir)
- **intemerato** (puro, integro) **intimorato** (destemido, valente)
- **intercessão** (rogo, pedido, súplica) **interce(c)ção** (ponto de encontro)
- **mandado** (ordem imperativo) **mandato** (poder político ou procuração)
- **ratificar** (confirmar) **retificar** (corrigir)
- **cerração** (nevoeiro espesso) **serração** (serragem)
- **sortir** (abastecer) **surtir** (originar)
- **sustar** (suspender) **suster** (sustentar)
- **vultoso** (volumoso) **vultuoso** (atacado de vultuosidade)

USOS DO PORQUÊ

- **Porquê:** utilizado como substantivo, vem acompanhado pelo artigo "o"; para identificá-lo, substituir por "o motivo", "a razão".

  Ex.: Ele não entendeu o porquê de tanto estudo.
  (Ele não entendeu o motivode tanto estudo.)

- **Por quê:** utilizado somente em final de frases ou quando sinalizado sozinho.

  Ex.: Terminou o namoro de novo por quê?

Você não veio à aula. Por quê?

- **Porque:** conjunção utilizada com função explicativa, causativa ou de finalidade.

Ex.: Faltei porque estava doente. (pois – explicação)
Eles ficaram porque estava muito tarde. (já que, uma vez que, visto que – causa)

- **Por que:** exerce a função de pronome interrogativo ou funciona como preposição; para identificá-lo de maneira mais fácil, substitua a palavra por que pela expressão "por qual razão" ou "por qual motivo".

Ex.: Por que o voto é obrigatório? (por qual motivo)
Gostaria de saber por que não me disse a verdade. (por qual razão).

HÍFEN

Pela nova ortografia, escreve-se guardarroupa ou guarda-roupa?

São ligadas por hífen palavras independentes foneticamente e que formam uma composição em que um sentido é atribuído. Por isso, é possível afirmar que os hífens entram na composição de palavras novas e adjetivos compostos e separam radicais e prefixos.

APLICAÇÃO DO HÍFEN

Na Língua Portuguesa, o hífen é empregado nos seguintes casos:

- Prefixos terminados pela letra R em junção com a palavra iniciada pela letra R:

> hiper-realista / inter-regional / inter-racial

- Prefixos terminados em vogal em junção com palavra iniciada pela letra H:

> anti-herói / anti-higiênico / pré-histórico

- Prefixos terminados em vogal unidos a palavras iniciadas pela mesma vogal:

> anti-inflamatório / anti-imperialista
> arqui-inimigo / micro-ondas

- Quando os elementos formam uma unidade de sentido:

> beija-flor / erva-doce / água-marinha
> guarda-chuva / médico-cirurgião / segunda-feira

- Prefixos que representam formas adjetivas que fazem referência a misturas de culturas ou de países:

> anglo-brasileiro / latino-americano / greco-romano

- Prefixos ex, vice e soto:

> ex-marido / vice-presidente
> soto-mestre / soto-capitão

- Prefixos circum e pan unidos a palavras iniciadas por vogal ou pelas consoantes M ou N:

> pan-americano / circum-navegação

- Prefixos pré, pró e pós unidos a palavras com significado próprio:

> pré-natal / pró-desarmamento / pós-graduação

- Palavras além, aquém, recém e sem unidas a palavras de significado independente:

> além-mar / aquém-fronteiras /
> recém nascidos / sem número / sem-teto

NÃO APLICAÇÃO DO HÍFEN

O hífen não é aplicado nas seguintes situações:

- Prefixos terminados em vogal e palavras que iniciam por R ou S. Em vez de utilizar o hífen, as consoantes são dobradas:

> antessala, antessacristia, antissocial,
> antirrugas, extrasseco, ultrassonografia

- Prefixos terminados em vogal e palavras iniciadas por vogal:

> autoafirmação, autoajuda, autoescola, extraoficial,
> infraestrutura, semiautomático, semiárido

- Palavras compostas que são tomadas sem que se perceba a noção de composição:

> mandachuva, paraquedas, paralamas, parabrisa

ESTRUTURA DAS PALAVRAS

As palavras são compostas por algumas unidades mínimas, que serão listadas abaixo.

- **Morfema:** É a parte de uma palavra que possui um significado ou exerce uma função.A palavra "comprássemos", por exemplo, é constituída de quatro morfemas: compr-a-sse-mos. Para cada uma dessas partes existe uma nomenclatura, conforme sua função na constituição da unidade da palavra.

> **compr**- (radical) / -**a**- (vogal temática)
> -**sse**- (desinência modo temporal)
> -**mos** (desinência número pessoal)

Nessa separação morfológica temos:

- **Radical**: elemento comum a palavras de uma mesma família.

> **ferr**o / **ferr**ugem / **ferr**eiro / **ferr**agem / **ferr** = radical

- **Vogal temática:** vogal que se une ao radical, formando, desse modo, o tema, ou seja, um grupo de palavras significativas.

casar: cas = radical (casório, casamento, etc.)
    a = vogal temática
    cas + a = casa = tema

Para verbos, a vogal temática identifica sua conjunção. Na Língua Portuguesa, temos três conjugações:

> ar – amar (vogal temática a) - 1ª conjugação
> er – correr (vogal temática e) - 2ª conjugação
> ir – partir (vogal temática i) - 3ª conjugação

- **Desinências:** flexões situadas no final das palavras e que permitem a identificação de gênero, número, pessoa, etc.

- **Nominais:** presentes em palavras substantivadas que nomeiam seres ou objetos, essas desinências indicam gênero e número.

> **aluno** (terminação o) palavra masculina e singular.
> **aluna** (terminação a) palavra feminina e singular.

- **Verbais:** desinência que possibilita a identificação de flexões dos verbos. Pode indicar o modo, o tempo, a pessoa e o número destes.

> **corre** (desinência verbal e)
> indica a 3ª pessoa do singular.
> **corremos** (desinência verbal mos)
> indica a 1ª pessoa do plural.

CLASSIFICAÇÃO DAS PALAVRAS

- **Simples:** quando possuem apenas um radical. Exemplos: flor, sol, roupa.

- **Composta:** Indicada por dois ou mais radicais. Exemplos: couve-flor, girassol, guarda-roupa.

- **Primitiva:** Origina novas palavras sem ter sido criada por outro elemento, forma inicial dos elementos. Exemplos: terra - palavra primitiva da qual derivam-se as palavras terreiro, terreno, terraplanagem.

- **Derivada:** Formada a partir de outras palavras. Exemplos: casarão, casebre, casinha - derivadas da palavra primitiva casa.

FORMAÇÃO DAS PALAVRAS

As palavras podem ser formadas por diversos processos, que estão listados na sequência.

Derivação

São formadas por apenas um radical ao qual é acrescido um ou mais afixos, termos que, quando unidos ao radical, permitem a formação de novas palavras. Podem ser antepostos ao radical (prefixos) ou pospostos a ele (sufixos):

Prefixal

O radical é acrescido apenas um prefixo.

infeliz: in = prefixo / **feliz** = radical

Sufixal

O termo se liga posteriormente ao radical.

felizmente: mento – sufixo / **feliz** = radical

Prefixal e sufixal

São afixados, no radical, um prefixo e um sufixo simultaneamente.

infelizmente: in = prefixo / **feliz** = radical / **mente** = sufixo

Note que, na derivação prefixal e sufixal, o acréscimo do prefixo e do sufixo ocorre de forma independente, ou seja, a retirada de um deles não acarreta a inexistência da palavra. Veja: infeliz, felizmente.

Alguns prefixo de origem grega		
Prefixo	**Significação**	**Exemplos**
a-, an-	privação, negação, insuficiência, carência	apatia anarquia
dia-	movimento através de, afastamento	diálogo
dis-	dificuldade, privação	disenteria
ec-, ex-, exo-, ecto-	movimento para fora	eclipse êxodo
en-, em-, e-	posição interior, movimento para dentro	embrião

endo-	posição interior, movimento para dentro	endocarpo endócrino
epi-	posição superior, movimento para	epiderme
eu-	excelência, perfeição, bondade	euforia
hemi-	metade, meio	hemisfério
hiper-	posição superior, excesso	hipérbole
hipo-	posição inferior, escassez	hipótese
meta-	mudança, sucessão	metamorfose
para-	proximidade, semelhança, intensidade	parasita
peri-	movimento ou posição em torno de	periferia
pro-	posição em frente, anterioridade	prólogo
pros-	adjunção, em adição a	prosódia
poli-	multiplicidade	polissílabo
sin-, sim-	simultaneidade, companhia	sinfonia
tele-	distância, afastamento	televisão

Alguns prefixo de origem latina		
Prefixo	**Significação**	**Exemplos**
a-, ab-, abs	afastamento, separação	abstinência
a-, ad-	aproximação, movimento para junto	advogado

ante-	anterioridade, procedência	antebraço
ambi-	duplicidade	ambiguidade
ben(e)-, bem-	bem, excelência de fato ou ação	benefício
bi-, bis-	repetição, duas vezes	bisneto
circu(m)-	movimento em torno	circunferência
cis-	posição aquém	cisplatino
co-, com,- con-	companhia, concomitância	colégio
contra-	oposição	contradizer
de-	movimento de cima para baixo, separação, negação	decapitar
de(s)-, di(s)-	negação, ação contrária, separação	discussão
e-, es-, ex-	movimento para fora	exportação
en-, em-, in-	movimento para dentro, passagem para um estado ou forma, revestimento	enterrar
extra-	posição exterior, excesso	extraordinário
i-, im-, in-:	sentido contrário, privação, negação	impossível
inter-, entre-	posição intermediária	intercalar
infra-	posição inferior abaixo	infravermelho

intro-	movimento para dentro	introvertido
justa-	posição ao lado	justapor
ob-, o-	posição em frente, oposição	obstáculo
per-	movimento através	percorrer
pos-	posterioridade	pós-modernismo
pre-	anterioridade	prefácio
pro-	movimento para frente	progresso
retro-	movimento para trás	retrospectiva
semi-	metade	semirreta
so-, sob-, sub-, su-	movimento de baixo para cima, inferioridade	soterrar substrato
super-, supra-, sobre-	posição superior, excesso	super-homem suprarrenal
trans-, tras-, tres-, tra-	movimento para além, movimento através	transatlântico trespassar
ultra-	posição além do limite, excesso	ultravioleta
vice-, vis-	em lugar de	visconde

Alguns sufixos		
Sufixos que formam nome de uma ação	-ada	jornada
	-ez(a)	beleza
	-ança	mudança
	-ismo	ciclismo
	-ância	abundância
	-mento	relacionamento

Sufixos que formam nome de uma ação	-ção	comunicação
	-são	compreensão
	-tude	amplitude
	-ença	presença
	-ura	formatura
Sufixos que formam nomes de agentes (profissões)	-ário(a)	operário
	-or	orador
	-eiro(a)	caminhoneiro
	-nte	estudante
	-ista	motorista
Sufixos que formam nome de lugares	-aria	padaria
	-ário	berçário
	-eiro	cabeleireiro
	-tério	cemitério
	-tório	lavatório
	-douro	matadouro
Sufixos que formam nomes indicadores de abundância, aglomeração, coleção	-aço	ricaço
	-ario(a)	infantaria
	-ada	papelada
	-edo	arvoredo
	-agem	folhagem
Sufixo que forma nomes de religião, doutrinas filosóficas, sistemas políticos	-ismo	budismo comunismo

Parassintética

Ocorre quando não é possível retirar o prefixo, nem o sufixo do vocábulo sem que haja perda de sentido.

empobrecer: em = prefixo / **cer** = sufixo / **pobre** = radical

As palavras "empobre" e "pobrecer" não existem, por isso, não é possível retirar os afixos.

Regressiva

Também conhecida como derivação deverbal, ocorre quando os verbos são substantivados, sem que a palavra sofra diminuição.

Atenção: não confundir com conjugação!

luta (de lutar) / chuva (de chover)

Imprópria

Ocorre quando há mudança da classe gramatical da palavra sem, no entanto, mudar o sentido principal.

O menino é um bom aluno. (bom = adjetivo)
Os bons alcançam a vitória. (os bons = substantivo)

A palavra "bom" sofreu derivação imprópria, pois mudou a classe gramatical de adjetivo (origem) para substantivo.

Composição

Ocorre quando as palavras são formadas por dois ou mais radicais. A composição pode ser de dois tipos: justaposição ou aglutinação.

Justaposição

É resultante da união de duas ou mais palavras sem que haja alteração fonética.

> passatempo = passa + tempo
> pontapé = ponta + pé
> pé de moleque = pé + de + moleque

O mesmo ocorre com as palavras guarda-chuva, guarda-roupa, girassol, couve-flor, beija-flor, etc.

Aglutinação

Ocorre quando a união de radicais ou palavras acarreta a mudança fonética das palavras primitivas.

> planalto = plano + alto
> embora = em + boa + hora

O mesmo ocorre com os vocábulos planície, fidalgo, aguardente, etc.

Outros processos de formação de palavras:

Hibridismo

Ocorre quando as palavras são formadas a partir da junção de radicais estrangeiros.

automóvel: auto = radical grego / **móvel** = radical latino

Abreviação ou redução

Ocorre quando há a diminuição da palavra com a intenção de facilitar a pronúncia, de dinamizar a língua, dando origem, assim, a uma forma mais curta.

> fotografia = foto / pneumático = pneu

Onomatopeia

Ocorre quando as palavras são formadas a partir de elementos que pretendem significar sons, seja de seres, seja de objetos, ou fenômenos da natureza.

> tique-taque, zum-zum, tchibum, toc-toc

SUBSTANTIVO

A palavra chuva é um substantivo concreto.

Nomeiam seres, sejam eles animados ou inanimados, existentes ou inexistentes, imaginários ou fictícios. É tudo aquilo que pode ser precedido de artigo.

TIPOS DE SUBSTANTIVOS

Concreto

Substantivos reais, palpáveis ou que foram criados pela imaginação. São seres independes entre si.

> mulher, papel, anjo, vampiro

Abstrato

Referem-se a estado, qualidade, ação ou sentimentos que estão fora dos seres, por isso, dependem dos seres para terem existência.

> beleza, raiva, justiça, vida, saudade

Próprio

São substantivos concretos que designam seres específicos, particulares. São utilizados para dar nomes às pessoas, às organizações, aos lugares e aos acidentes geográficos.

> Maria, O Jornal Nacional, Minas Gerais

Observação.: Existem expressões em que substantivos próprios se tornam comuns.

> Aquele indivíduo é um judas. (traidor)

Comum

Referem-se a nomes cuja aplicabilidade se dá a todos os seres ou objetos de mesma espécie.

> homem, cachorro, melancia, prato

FORMAÇÃO DOS SUBSTANTIVOS

Primitivo

Não são originados de outras palavras, mas que, ao contrário, dão origem a outros substantivos.

> pedra, ferro, piano, pão

Derivado

Se formaram a partir de outros substantivos (primitivos).

> pedreiro, ferradura, pianista, padaria

Simples

São os substantivos formados por apenas um radical ou uma palavra.

> jornalista, flor, paixão, morte

Composto

São os substantivos formados por dois ou mais radicais.

> redator-chefe, terça-feira, passaporte

GÊNEROS DOS SUBSTANTIVOS

A terminação, o significado ou o sentido determina se a palavra é feminina ou masculina.

Biforme

Quando indica duas formas distintas para os gêneros, mantendo o radical.

> garoto - garota / professor - professora

Heterônimos

Indica duas formas distintas para os gêneros, havendo "inclusive" a modificação do radical

> homem - mulher / cavalo - égua

Epiceno

Utilizado para determinados animais (répteis, insetos e peixes), necessita acrescentar as palavras "macho" ou "fêmea" para indicar o gênero, pois possui a mesma forma e o mesmo artigo.

> a cobra macho / a cobra fêmea
> o pernilongo macho / o pernilongo fêmea

Comum-de-dois gêneros

Possui a mesma forma tanto para o gênero masculino quanto para o feminino, sendo necessário acrescentar apenas o artigo definido.

> o/a jovem, o/a estudante, o/a democrata

Sobrecomum

O substantivo tem a mesma forma tanto para designar seres masculinos quanto femininos, não havendo alteração nem de pronomes, nem de artigos que o acompanham; o gênero é determinado pelo sentido.

> criança / vítima / cônjuge / pessoa

NÚMERO DOS SUBSTANTIVOS

Capacidade que o substantivo possui de indicar mais de um ser ou objeto. Para isso, é relevante analisar a terminação das palavras.

Formação dos substantivos no plural

• Terminados por vogal: acrescenta-se -s.

> café → cafés /mesa → mesas

• Terminados em -ão: fazem o plural -ões, -ães ou -ãos.

> gavião → gaviões / pão → pães / órfão → órfãos

Observação.: As palavras paroxítonas aceitam mais de uma forma no plural.

> ancião (oxítona) → anciões, anciães, anciãos

48

- Terminados em -al, -el, -ol, -ul: Substitui-se o -l por -is.

> carnaval → carnavais / papel → papéis

- Terminados em -il: acrescenta-se -s nas oxítonas e -eis nas paroxítonas e proparoxítonas.

> canil → canis / fóssil → fósseis / réptil → répteis

- Terminados em -em, -im, -om e -um nasais: muda--se -m por -ns.

> armazém → armazéns
> virgem → virgens
> som → sons / jejum → jejuns

- Terminados em -n nasal: acrescenta-se -s.

> pólen → pólens / abdômen → abdômens

- Terminados em -r ou -z: acrescenta-se -es.

> nariz → narizes / cor → cores

- Terminados em -s ou -x: não sofrem alteração.

> um atlas → cinco atlas / o lápis → os lápis

- Terminados em -s ou -z, para vocábulos monossílabos ou dissílabos: acrescenta-se -es.

> deus → deuses / giz → gizes

Plural de substantivos compostos

- Quando formados pela junção de substantivos com outros substantivos, adjetivo ou numeral em qualquer ordem, ambos recebem o plural.

> couve-flor → couves-flores / obra-prima → obras-primas / segunda-feira → segundas-feiras

Observação: Terra-novas, grão-mestres e padre-nossos são as exceções desta regra.

- Quando formados por palavras invariáveis (advérbio, verbo, preposição, conjunção, interjeição) mais um substantivo, somente o segundo elemento recebe o plural, o primeiro não se altera, visto que é invariável.

> ante-sala → ante-salas / ave-maria → ave-marias / guarda-chuva → guarda-chuvas

- Quando a composição acontece por aglutinação, somente o último elemento recebe o plural.

> pernalta → pernaltas
> grão-prior → grão-priores

- Quando a composição acontece por justaposição, somente o último elemento recebe o plural.

> girassol → girassóis
> terraplenagem → terraplenagens

- No caso de palavras repetidas, somente o segundo substantivo recebe o plural.

> tico-tico → tico-ticos
> reco-reco → reco-recos

- Em substantivos ligados pela preposição de, somente o primeiro elemento recebe o plural.

> pé de moleque → pés-de-moleque
> perna de pau → pernas-de-pau

- Quando formados por elementos invariáveis ou se o último elemento já estiver no plural, não há alteração no plural.

> o saca-rolhas → os saca-rolhas
> o cola-tudo → os cola-tudo

GRAU DOS SUBSTANTIVOS

É a maneira pela qual se manifesta o aumento ou a diminuição de um substantivo, tendo como base o seu estado inicial. Pode acontecer de suas maneiras:

- **Analítico:** ocorre o emprego de palavras que indicam aumento ou diminuição (grande, pequeno, enorme, etc.)

> casa enorme / carro pequeno

- **Sintético:** ocorre com o acréscimo de sufixos aos substantivos, indicando, conforme a necessidade, o aumentativo ou o diminutivo.

> bonito → bonitão, bonitinho

COLETIVOS

São substantivos que se referem a nomes de grupos, seres em conjunto ou coleções.

abelha - enxame, cortiço, colmeia;
acompanhante - comitiva, cortejo, séquito;
alho - (quando entrelaçados) réstia, enfiada, cambada;
aluno - classe;
amigo - (quando em assembleia) tertúlia;
animal - (em geral) piara, pandilha, (todos de uma região) fauna, (manada de cavalgaduras) récua, récova, (de carga) tropa, (de carga) lote, (de raça, para reprodução) plantel, (ferozes ou selvagens) alcateia;
anjo - chusma, coro, falange, legião;
apetrecho - (quando de profissionais) ferramenta, instrumental;
aplaudidor - (quando pagos) claque;

argumento - carrada, monte, montão, multidão;
arma - (quando tomadas dos inimigos) troféu;
arroz - batelada;
artigo - (quando heterogêneo) mixórdia;
artista - (quando trabalham juntos) companhia, elenco;
árvore - (quando em linha) alameda, carreira, rua, souto, (quando constituem maciço) arvoredo, bosque, (quando altas, de troncos retos a aparentar parque artificial) malhada;
asneira - acervo, chorrilho, enfiada, monte;
asno - manada, récova, récua;
assassino - choldra, choldraboldra;
assistente - assistência;
astro - (reunidos a outros do mesmo grupo) constelação;
ator - elenco;
autógrafo - (lista especial de coleção) álbum;
ave - (quando em grande quantidade) bando, nuvem;
avião - esquadrão, esquadrilha, flotilha;
bala - saraiva, saraivada;
bandoleiro - caterva, corja, horda, malta, súcia, turba;
bêbado - corja, súcia, farândola;
boi - boiada, abesana, armento, cingel, jugada, jugo, junta, manada, rebanho, tropa;
bomba – bateria;

borboleta - boana, panapaná;
botão - (de qualquer peça de vestuário) abotoadura, (quando em fileira) carreira;
burro - (em geral) lote, manada, récua, tropa, (quando carregado) comboio;
cabelo - (em geral) chumaço, guedelha, madeixa, (conforme a separação) marrafa, trança;
cabo - cordame, cordoalha, enxárcia;
cabra - fato, malhada, rebanho;
cadeira - (quando dispostas em linha) carreira, fileira, linha, renque;
cálice - baixela;
camelo - (quando em comboio) cáfila;
caminhão – frota;
canção - (quando reunidas em livro) cancioneiro, (quando populares de uma região) folclore;
canhão - bateria;
cantilena - salsada;
cão - adua, caínçalha, canzoada, chusma, matilha;
capim - feixe, braçada, paveia;
cardeal - (em geral) sacro colégio, (quando reunidos para a eleição do papa) conclave, (quando reunidos sob a direção do papa) consistório;
carneiro - chafardel, grei, malhada, oviário, rebanho;
carro - (quando unidos para o mesmo destino) comboio, composição, (quando em desfile) corso;

carta - (em geral) correspondência;
casa - (quando unidas em forma de quadrados) quarteirão, quadra;
castanha - (quando assadas em fogueira) magusto;
cavalariano - (de cavalaria militar) piquete;
cavaleiro - cavalgada, cavalhada, tropel;
cavalgadura - cáfila, manada, piara, récova, récua, tropa, tropilha;
cavalo - manada, tropa;
cebola - (quando entrelaçadas pelas hastes) cambada, enfiada, réstia;
cédula - bolada, bolaço;
chave - (quando num cordel ou argola) molho, penca;
célula - (quando diferenciadas igualmente) tecido;
cereal - (em geral) fartadela, fartão, fartura, (quando em feixes) meda, moreia;
cigano - bando, cabilda, pandilha;
cliente - clientela, freguesia;
coisa - (em geral) coisada, coisarada, ajuntamento, chusma, coleção, cópia, enfiada, (quando antigas e em coleção ordenada) museu, (quando em lista de anotação) rol, relação, (em quantidade que se pode abranger com os braços) braçada, (quando em série) sequência, série, sequela, coleção, (quando reunidas e sobrepostas) monte, montão, cúmulo;

coluna - colunata, renque;
cônego - cabido;
copo - baixela;
corda - (em geral) cordoalha, (quando no mesmo liame) maço, (de navio) enxárcia, cordame, massame, cordagem;
correia - (em geral) correame, (de montaria) apeiragem;
credor - junta, assembleia;
crença - (quando populares) folclore;
crente - grei, rebanho;
depredador - horda;
deputado - (quando oficialmente reunidos) câmara, assembleia;
desordeiro - caterva, corja, malta, pandilha, súcia, troça, turba;
diabo - legião;
dinheiro - bolada, bolaço, disparate;
disco - discoteca;
doze - (coisas ou animais) dúzia;
ébrio - ver bêbado;
égua - ver cavalo;
elefante - manada;
erro - barda;

escravo - (da mesma morada) senzala, (para o mesmo destino) comboio, (aglomerados) bando;

escrito - (em homenagem a homem ilustre) polianteia, (literários) analectos, antologia, coletânea, crestomatia, espicilégio, florilégio, seleta;

espectador - (em geral) assistência, auditório, plateia, (contratados para aplaudir) claque;

espiga - (atadas) amarrilho, arregaçada, atado, atilho, braçada, fascal, feixe, gavela, lio, molho, paveia;

estaca - (fincadas em forma de cerca) paliçada;

estado - (unidos em nação) federação, confederação, república;

estampa - (selecionadas) iconoteca, (explicativas) atlas;

estátua - (selecionadas) galeria;

estrela - (cientificamente agrupadas) constelação, (em quantidade) acervo, (em grande quantidade) miríade;

estudante - (da mesma escola) classe, turma, (em grupo cantam ou tocam) estudantina, (em excursão) tuna, (vivem na mesma casa) república;

fazenda - (comerciáveis) sortimento;

feiticeiro - (em assembleia secreta) conciliábulo;

feno - braçada, braçado;

filme - filmoteca, cinemoteca;

fio - (dobrado) meada, mecha, (metálicos e reunidos em feixe) cabo;

flecha - (caem do ar, em porção) saraiva, saraivada;

flor - (atadas) antologia, arregaçada, braçada, fascículo, feixe, festão, capela, grinalda, ramalhete, buquê, (no mesmo pedúnculo) cacho;

foguete - (agrupados em roda ou num travessão) girândola;

força naval - armada;

força terrestre - exército;

formiga - cordão, correição, formigueiro;

frade - (ao local em que moram) comunidade, convento;

frase - (desconexas) apontoado;

freguês - clientela, freguesia;

fruta - (ligadas ao mesmo pedúnculo) cacho, (à totalidade das colhidas num ano) colheita, safra;

fumo - malhada;

gafanhoto - nuvem, praga;

garoto - cambada, bando, chusma;

gato - cambada, gatarrada, gataria;

gente - (em geral) chusma, grupo, multidão, (indivíduos reles) magote, patuleia, poviléu;

grão - manípulo, manelo, manhuço, manojo, manolho, maunça, mão, punhado;

graveto - (amarrados) feixe;

gravura - (selecionadas) iconoteca;

habitante - (em geral) povo, população, (de aldeia, de lugarejo) povoação;
herói - falange;
hiena - alcateia;
hino - hinário;
ilha - arquipélago;
imigrante - (em trânsito) leva, (radicados) colônia;
índio - (formam bando) maloca, (em nação) tribo;
instrumento - (em coleção ou série) jogo, (cirúrgicos) aparelho, (de artes e ofícios) ferramenta, (de trabalho grosseiro, modesto) tralha;
inseto - (nocivos) praga, (em grande quantidade) miríade, nuvem, (se deslocam em sucessão) correição;
javali - alcateia, malhada, vara;
jornal - hemeroteca;
jumento - récova, récua;
jurado - júri, conselho de sentença, corpo de jurados;
ladrão - bando, cáfila, malta, quadrilha, tropa;
lâmpada - (em fileira) carreira, (dispostas numa espécie de lustre) lampadário;
leão - alcateia;
lei - (reunidas cientificamente) código, consolidação, corpo, (colhidas aqui e ali) compilação;
leitão - (nascidos de um só parto) leitegada;

livro - (amontoados) chusma, pilha, ruma, (heterogêneos) choldraboldra, salgalhada, (reunidos para consulta) biblioteca, (reunidos para venda) livraria, (em lista metódica) catálogo;
lobo - alcateia, caterva;
macaco - bando, capela;
malfeitor - (em geral) bando, canalha, choldra, corja, hoste, joldra, malta, matilha, matula, pandilha, (organizados) quadrilha, sequela, súcia, tropa;
maltrapilho - farândola, grupo;
mantimento - (em geral) sortimento, provisão, (quando em saco, em alforje) matula, farnel, (em cômodo especial) despensa;
mapa - (ordenados num volume) atlas, (selecionados) mapoteca;
máquina - maquinaria, maquinismo;
marinheiro - marujada, marinhagem, companha, equipagem, tripulação;
médico - (em conferência sobre o estado de um enfermo) junta;
menino - (em geral) grupo, bando, (depreciativamente) chusma, cambada;
mentira - (em sequência) enfiada;
mercadoria - sortimento, provisão;
mercenário - mesnada;
metal - (quando entra na construção de uma obra ou artefato) ferragem;

ministro - (quando de um mesmo governo) ministério, (quando reunidos oficialmente) conselho;

montanha - cordilheira, serra, serrania;

mosca - moscaria, mosquedo;

móvel - mobília, aparelho, trem;

música - (a quem a conhece) repertório;

músico - (com instrumento) banda, charanga, filarmônica, orquestra;

nação - (unidas para o mesmo fim) aliança, coligação, confederação, federação, liga, união;

navio - (em geral) frota, (de guerra) frota, flotilha, esquadra, armada, marinha, (reunidos para o mesmo destino) comboio;

nome - lista, rol;

nota - (na acepção de dinheiro) bolada, bolaço, maço, pacote, (na acepção de produção literária, científica) comentário;

objeto - ver coisa;

onda - (grandes e encapeladas) marouço;

órgão - (concorrem para uma mesma função) aparelho, sistema;

orquídea - (em viveiro) orquidário;

osso - (em geral) ossada, ossaria, ossama, (de um cadáver) esqueleto;

ouvinte - auditório;
ovelha - (em geral) rebanho, grei, chafardel, malhada, oviário;
ovo - (os postos por uma ave durante certo tempo) postura, (no ninho) ninhada;
padre - clero, clerezia;
palavra - (em geral) vocabulário, (em ordem alfabética e seguida de significação) dicionário, léxico, (proferidas sem nexo) palavrório;
pancada - pancadaria;
pantera - alcateia;
papel - (no mesmo liame) bloco, maço, (em sentido lato, de folhas ligadas e em sentido estrito, de 5 folhas) caderno, (5 cadernos) mão, (20 mãos) resma, (10 resmas) bala;
parente - (em geral) família, parentela, parentalha, (em reunião) tertúlia;
partidário - facção, partido, torcida;
partido político - (unidos para um mesmo fim) coligação, aliança, coalizão, liga;
pássaro - passaredo, passarada;
passarinho - nuvem, bando;

pau - (amarrados) feixe, (quando amontoados) pilha, (fincados ou unidos em cerca) bastida, paliçada;

peça (devem aparecer juntas na mesa) baixela, serviço, (artigos comerciáveis, em volume para transporte) fardo, (em grande quantidade) magote, (pertencentes à artilharia) bateria, (de roupas, enroladas) trouxa, (pequenas e cosidas umas às outras para não se extraviarem na lavagem) apontoado, (literárias) antologia, florilégio, seleta, crestomatia, coletânea, miscelânea;

peixe - (em geral e quando na água) cardume, (quando miúdos) boana, (quando em viveiro) aquário, (quando em fileira) cambada, espicha, enfiada, (quando à tona) banco, manta;

pena - (quando de ave) plumagem;

pessoa - (em geral) aglomeração, banda, bando, chusma, colmeia, gente, legião, leva, maré, massa, mó, mole, multidão, pessoal, roda, rolo, troço, tropel, turba, turma, (reles) corja, caterva, choldra, farândola, récua, súcia, (em serviço, em navio ou avião) tripulação, (em acompanhamento solene) comitiva, cortejo, préstito, procissão, séquito, teoria, (ilustres) plêiade, pugilo, punhado, (em promiscuidade) cortiço, (em passeio) caravana, (em assembleia popular) comício, (reunidas para tratar de um assunto) comissão, conselho, congresso, conclave, convênio, corporação, seminário, (sujeitas ao mesmo estatuto) agremiação, associação, centro, clube, grêmio, liga, sindicato, sociedade;

pilha - (elétricas) bateria;

planta - (frutíferas) pomar, (hortaliças, legumes) horta, (novas, para replanta) viveiro, alfobre, tabuleiro, (quando de uma região) flora, (secas, para classificação);
ponto - (de costura) apontoado;
porco - (em geral) manada, persigal, piara, vara, (do pasto) vezeira;
povo - (nação) aliança, coligação, confederação, liga;
prato - baixela, serviço, prataria;
prelado - (em reunião oficial) sínodo;
prisioneiro - (em conjunto) leva, (a caminho para o mesmo destino) comboio;
professor - corpo docente, professorado;
quadro - (em exposição) pinacoteca, galeria;
querubim - coro, falange, legião;
recruta - leva, magote;
religioso - clero regular;
roupa - (de cama, mesa e uso pessoal) enxoval, (envoltas para lavagem) trouxa;
salteador - caterva, corja, horda, quadrilha;
selo - coleção;
serra - (acidente geográfico) cordilheira;
soldado - tropa, legião;
trabalhador - (reunidos para um trabalho braçal) rancho, (em trânsito) leva;
tripulante - equipagem, guarnição, tripulação;

utensílio - (de cozinha) bateria, trem, (de mesa) aparelho, baixela;
vadio - cambada, caterva, corja, mamparra, matula;
vara - (amarradas) feixe, ruma;
velhaco - súcia, velhacada.

ADJETIVO

Na frase, "que bruxa feia", qual seria o adjetivo?

Acompanha e modifica o substantivo, indicando-lhe qualidade, estado, característica, aparência, condição, modo de ser ou aspecto qualquer. É palavra invariável que completa, especifica, explica ou determina o substantivo.

TIPOS DE ADJETIVOS

Quanto à formação e à estrutura, os adjetivos podem ser classificados em:

• Primitivos: a palavra, que não sofre alteração, nem é derivada de outra, origina outros adjetivos.

mulher **boa** / mulher **má**

• Derivados: nesses, a palavra é formada a partir de outra primitiva.

mulher **bondosa** / mulher **maldosa**

- Simples: sua formação acontece com apenas uma palavra ou radical.

> mulher **magra** / mulher **alta**

- Compostos: são formados por mais de um radical.

> sul-americano / azul-marinho

Quanto à função sintática, os adjetivos podem ser classificados em:

- Explicativos: apresentam uma qualidade essencial do ser, que faz parte do substantivo, que é inerente ao substantivo.

> O ser humano é **mortal** / O fogo é **quente**

- Aposto explicativo: esse tipo de adjetivo estiver logo após o substantivo, ele deve ficar entre vírgulas. Sintaticamente, exerce a função de aposto explicativo.

> O leite, **branco**, é o indicado para a saúde.

- Restritivos: diferentemente dos explicativos, os adjetivos restritivos oferecem qualidade ao ser, mas podem ser retirados do substantivo.

> Nem todo fogo é alto. / Nem todo homem é bonito.

- Adjunto adnominal: Se o adjetivo restritivo vier em posição posterior, ligado ao substantivo, não deve ficar entre vírgulas. Sintaticamente, exerce a função de adjunto adnominal.

O estudante inteligente é mais dedicado.

Os adjetivos ainda podem ser classificados em:

- Adjetivos pátrios: indicam nacionalidade ou lugar de origem do substantivo. Também podem ocorrer na forma composta, unindo nações distintas.

goiano (nascido no estado de Goiás)
romano (nascido em Roma)

- Locução adjetiva: expressão formada por mais de uma palavra e que exerce a função de adjetivo.

de bispo = episcopal / de criança = infantil

GÊNERO DOS ADJETIVOS

Podem ser classificados em:

- **Uniformes:** o adjetivo pode ser usado tanto para feminino quanto para masculino sem sofrer flexão.

o estudante/ a estudante paulista
o caderno/ a lapiseira ruim

- **Biformes:** o adjetivo sofre flexão de acordo com os gêneros masculino e feminino.

> o estudante esforçado/ a estudante esforçada
> o caderno velho/ a lapiseira velha

Regras para a flexão de adjetivos femininos

- Adjetivo terminado em -o e oxítonas terminadas em -m e -s têm o feminino apenas pelo acréscimo da letra -a.

> o aluno baixo/ a aluna baixa / algum/ alguma,

- Adjetivo terminado em -eu faz o feminino em -eia. Exceção: judeu (judia) e sandeu (sandia).

> europeu/ europeia

- Adjetivo terminado em -ão faz -o adjetivo feminino em -ã ou -ona.

> o jovem cristão /a jovem cristã
> o aluno chorão /a aluna chorona

- Nos adjetivo composto feminino, apenas a segunda palavra recebe a flexão do feminino.

> jogo luso-brasileiro / apresentação luso-brasileira

- Quando dois adjetivos indicam cor, somente o segundo elemento sofre flexão no feminino.

> carro verde-amarelo   camiseta verde-amarela

- Quando um adjetivo indicativo de cor forma uma composição com um substantivo, nenhum dos dois elementos sofre alteração quanto à flexão do feminino.

> parede branco-marfim /carro branco-marfim

- Quando os adjetivos que designam cor vêm acompanhados por uma das expressões "de cor", "a cor de" ou "cor de", não ocorre alteração quanto ao gênero feminino.

> terno de cor verde / blusa de cor verde

GRAU DOS ADJETIVOS

O grau dos adjetivos é relativo à intensidade dos adjetivos ao exprimir a qualidade dos seres.

Grau normal

É o adjetivo normal, sem alterações de intensidade: alto, bonito, pequeno, grande.

> Aquele casaco é bonito.

Comparativo

Relaciona os elementos ou qualidades comparando-os entre si. Os comparativos se ramificam em três tipos: de superioridade, de igualdade e de inferioridade.

- **De superioridade:** coloca um elemento em condição acima da condição de outro. Oferece mais qualidade, mais intensidade ao substantivo a que se refere. Pode ser:

  Analítico: é formado por duas ou mais palavras que indicam um grau comparativo. As expressões que compõem o analítico são "mais... que" e "mais... do que".

  > Romeu é mais corajoso do que Lucas.

  Sintético: é formado por apenas uma palavra que indica a comparação. Algumas formas sintéticas: melhor (de bom), pior (de ruim), maior (de grande) e menor (de pequeno).

  > O trabalho é maior que o seu.

- **De igualdade:** coloca os elementos da frase no mesmo grau de intensidade. Pode se expresso por: "tão... como" e "tanto... quanto".

  > Sorvete é tão gostoso quanto chocolate.

- **De inferioridade:** formado por duas ou mais palavras que indicam um grau comparativo. As expressões que compõem o analítico são: "menos... do que" e "menos... que".

> Jiló é menos gostoso que abobrinha.

Superlativo

A intensidade dos superlativos é máxima. Não é feito diretamente em relação a outros elementos, mas caracteriza o elemento por ele mesmo.

- **Superlativo absoluto:** sua intensidade é absoluta, não há comparação de forma alguma. Este se ramifica em:

Superlativo absoluto analítico: nesse tipo, há a utilização de advérbios de intensidade (bastante, muito, extremamente, excessivamente, o mais, assaz, extraordinariamente) e eles se compõem pelo uso de mais de uma palavra para expressar a intensidade almejada.

> A matemática é bastante difícil.

Superlativo absoluto sintético: é expresso por apenas uma palavra, que é a soma do radical do adjetivo mais as terminações provenientes do latim (íssimo, rimo, limo), sabendo-se que estes sofrem alteração conforme o gênero das palavras.

> A matemática é dificílima.

- **Superlativo relativo:** a comparação acontece de forma indireta, por isso o termo relativo, na medida em que a comparação é relativa a outro elemento. Apesar de fazer a comparação com outro ser, a intensidade é em grau máximo, portanto se enquadra na especificidade superlativa e não comparativa.

Superlativo relativo de superioridade: necessita do artigo definido anteposto à primeira palavra comparada, acrescido das palavras "mais" ou "maior" e da preposição "de" (ou suas variações) anteposta ao segundo elemento.

> Aquela faculdade é a maior do Brasil.

Superlativo relativo de inferioridade: necessita do artigo definido anteposto à primeira palavra comparada, acrescido das palavras "menos" ou "menor" e da preposição "de" (ou suas variações) anteposta ao segundo elemento.

> Aquele acervo era o menor do mundo,
> apesar de sua riqueza histórica e cultural.

Observação: As palavras ótimo, péssimo e máximo não sofrem alteração quanto ao seu grau, pois suas significações já indicam a função superlativa.

Também não sofrem alteração de grau nem superlativo, nem comparativo, as palavras: eterno, infinito, imenso, onipotente, quadrado, redondo, imortal, infalível, primeiro, pois apresentam, também, uma significação de superioridade.

Formação do superlativo absoluto sintético

A formação do superlativo absoluto sintético obedece algumas regras, que serão listadas abaixo.

A adjetivos terminados em -l, -r e -u, cuja caracterização é oxítona, acrescenta-se -íssimo

> normál → normalíssimo

Em adjetivos terminados em -vel átono, transforma "vel" em "bil" e acrescenta-se a -íssimo.

> amável → amabilíssimo

A adjetivos terminados em -il cuja caracterização é paroxítona, acrescenta-se -limo.

> frágil → fragílimo

Em adjetivos terminados em -m, transforma-se "m" em "n" e depois acrescenta-se -íssimo

> comum → comuníssimo

Em adjetivos terminados em -o e -e, estas vogais caem e se acrescenta -íssimo.

> belo → belíssimo / feio → feiíssimo

Quando a palavra termina em -co, troca-se por "qu", ou se ela termina em "go" troca por "gu", em seguida acrescenta-se -íssimo.

> pouco → pouquíssimo / cego → ceguíssimo

Quando a palavra termina com "fico", "dico" e "volo", retira-se o "o", soma-se o termo "ent", seguido de -íssimo.

> benefício → beneficentíssimo

A adjetivos terminados em "ro" e "re", considera-se sua palavra de origem latina e acrescenta-se no radical latino o termo "rimo".

> mísero (do latim miser) → misérrimo

ARTIGO

Acompanha o substantivo com a função de caracterizá-lo e aparece em posição anterior a ele. É valido observar que se a palavra não exerce a função de substantivo, mas vem antecedida por um artigo, ela passa a ser substantivada, ou seja, exerce a função de substantivo. A partir do artigo, é possível identificar o gênero e o grau do substantivo. Os artigos são majoritariamente classificados em dois tipos.

- **Definidos:** empregados para determinar os seres, pois especificam e particularizam o ser. Têm a função de precisar o substantivo e são eles: o, os, a, as.

o amigo, a amiga, os livros, as canetas

- **Indefinidos:** utilizados quando se referem a seres indeterminados, de maneira imprecisa, geral. São eles: um, uma, uns, umas.

um irmão, uma irmã, uns casais, umas esposas

NUMERAL

Palavra que indica número, ordem, fracionário ou multiplicativo. Pode exercer também a função de adjetivo quando acompanha um substantivo.

cinco crianças

Pode exercer também a função de substantivo, ou seja, quando indica um nome, quando o número é nomeado, indicado, passado para a forma escrita.

quatro, sete (diferentes da forma matemática 4 e 7)

TIPOS DE NUMERAL

Os numerais podem ser classificados em quatro categorias: cardinais, ordinais, multiplicativos ou fracionários.

- **Cardinais:** apresentam a quantidade correta, exata de seres, utilizados, portanto, para a contagem de seres e invariáveis quanto à flexão, exceto: um (uma), dois (duas) e todos os outros que finalizam por -entos ou -ão (duzentos- duzentas).

> quatro, sete, mil

- **Ordinais:** apresentam uma ordem entre os elementos de uma série. Todos sofrem flexão quanto ao gênero e ao número.

> quarto, sétimo, milésimo

- **Multiplicativos:** apresentam uma multiplicação, ou seja, contêm duas ou mais vezes. Nessa categoria, há palavras específicas somente para os 12 primeiros números e para o número 100 (cêntuplo).

> quádruplo, sétuplo, duplo

- **Fracionários:** apresentam uma fração, ou seja, a divisão de um todo em partes.

> quarto, sétimo, milésimo

Observações: As palavras "grau", "hora" e "quilômetro" são comumente acrescidas à palavra "zero" para formar uma unidade significativa.

> zero grau / zero-hora = meia-noite
> zero-quilômetro = não utilizado (veículo)

As palavras "último", "penúltimo" e "antepenúltimo" também exercem função de adjetivo.

- **Emprego do numeral:** a preposição "e" é intercalada entre as centenas e as dezenas, e entre estas e as unidades.

Há alguns termos que indicam agrupamentos numéricos, cuja forma é exata, e são chamados de substantivos coletivos numéricos.

> par – 2 itens
> dezena –10 unidades
> vintena – 20 anos
> centena ou centúria –100 unidades
> grosa – doze dúzias
> milheiro milhar – mil dezenas
> biênio – 2 anos
> triênio – 3 anos
> quadriênio – 5 anos
> década ou decênio– 10 anos

> lustro ou quinquênio – 50 anos
> centenário – 100 anos
> milênio – 1000 anos
> sesquicentenário – 150 anos

PRINCIPAIS NUMERAIS

Cardinais	Ordinais	Multiplica-tivos	Fracioná-rios
um	primeiro	-	-
dois	segundo	dobro, duplo	meio, metade
três	terceiro	triplo, tríplice	terço
quatro	quarto	quádruplo	quarto
cinco	quinto	quíntuplo	quinto
seis	sexto	sêxtuplo	sexto
sete	sétimo	sétuplo	sétimo
oito	oitavo	óctuplo	oitavo
nove	nono	nônuplo	nono
dez	décimo	décuplo	décimo
onze	décimo primeiro	undécuplo	onze avos
doze	décimo segundo	duodécuplo	doze avos

treze	décimo terceiro	-	treze avos
catorze	décimo quarto	-	catorze avos
quinze	décimo quinto	-	quinze avos
dezesseis	décimo sexto	-	dezesseis avos
dezessete	décimo sétimo	-	dezessete avos
dezoito	décimo oitavo	-	dezoito avos
dezenove	décimo nono	-	dezenove avos
vinte	vigésimo	-	vinte avos
trinta	trigésimo	-	trinta avos
quarenta	quadragésimo	-	quarenta avos
cinquenta	quinquagésimo	-	cinquenta avos
sessenta	sexagésimo	-	sessenta avos
setenta	septuagésimo	-	setenta avos
oitenta	octogésimo	-	oitenta avos

noventa	nonagésimo	-	noventa avos
cem	centésimo	cêntuplo	centésimo
duzentos	ducentésimo	-	ducentésimo
trezentos	trecentésimo	-	trecentésimo
quatrocentos	quadringentésimo	-	quadringentésimo
quinhentos	quingentésimo	-	quingentésimo
seiscentos	sexcentésimo	-	sexcentésimo
setecentos	septingentésimo	-	septingentésimo
oitocentos	octingentésimo	-	octingentésimo
novecentos	nongentésimo	-	nongentésimo
mil	milésimo	-	milésimo
milhão	milionésimo	-	milionésimo
bilhão	bilionésimo	-	bilionésimo

PRONOMES

"Eu amo você" possui quantos pronomes?

Palavra que substitui o substantivo, passando a representar os seres. Ela é variável em gênero, número e pessoa. O nome, representado pelo pronome, passa a ser uma pessoa no discurso. Os pronomes podem ser divididos quanto a sua aplicação.

PESSOAIS

Indicam os nomes e apresentam as pessoas dos discursos. Podem ser classificados em dois tipos:

- **Retos:** exercem sintaticamente a função de sujeito na oração.

- **Oblíquos:** exercem sintaticamente a função de complemento ou objetos da oração. Divide-se em:

- **Átonos:** monossílabos que são inseridos antes ou depois do verbo (me, te, se, a, o, as, os, lhe, lhes nos, vos).

- **Tônicos:** são acompanhados de preposição (mim, comigo, ti, contigo, ela, ele, si, consigo, vós, convosco, elas, eles, si).

Observação: Os pronomes oblíquos também exercem a função de sujeito na frase, isso acontece quando o sujeito exerce e recebe a ação ao mesmo tempo.

> Ela se machucou na escada.
> (Ela machucou a si mesma.)

Quadro dos pronomes pessoais

Pessoas no discurso	Pronomes átonos	Pronomes oblíquos
1ª pessoa do singular	eu	me, mim, comigo
2ª pessoa do singular	tu	te, ti, contigo
3ª pessoa do singular	ele, ela	se, si, consigo, lhe, o, a
1ª pessoa do plural	nós	nos, conosco,
2ª pessoa do plural	vós	vos, convosco
3ª pessoa do plural	eles, elas	se, si consigo, lhes, os, as

Pronomes de tratamento

Os pronomes de tratamento são aqueles utilizados em tratos de cortesia e/ou cerimonial.

Lista de pronomes de tratamento

Para os destinatários das categorias abaixo, utiliza-

-se o pronome de tratamento "Vossa Excelência", cuja abreviação é "V. Ex.ª".

- **do Poder Executivo:** Presidente da República, Vice-Presidente da República, Ministros de Estado, Governadores e Vice-Governadores de Estado e do Distrito Federal, Oficiais-Generais das Forças Armadas, Embaixadores, Secretários-Executivos de Ministérios e demais ocupantes de cargos de natureza especial, Secretários de Estado dos Governos Estaduais, Prefeitos Municipais.

- **do Poder Legislativo:** Deputados Federais e Senadores, Ministros do Tribunal de Contas da União, Deputados Estaduais e Distritais, Conselheiros dos Tribunais de Contas Estaduais, Presidentes das Câmaras Legislativas Municipais.

- **do Poder Judiciário:** Ministros dos Tribunais Superiores, Membros de Tribunais, Juízes, Auditores da Justiça Militar.

Para outros destinatários:

- Vossa Majestade (V.M.) – para reis e rainhas;

- Vossa Alteza (V.A.) – para príncipes e princesas;

- Vossa Santidade (V.S.) – somente para o Papa;

- Reverendo (Ver.do. ou Revdo) – para sacerdotes religiosos;

- Vossa Magnificência (V.Mag ou V. Maga) – para reitor de universidade;
- Vossa Senhoria (V. S.ª) – para presidentes e diretores de empresas e também para cônsules ou outras autoridades.

POSSESSIVOS

Apresenta as pessoas do discurso, atribuindo-lhes uma ideia de posse.

> Meu carro é azul.
> (O carro pertence à pessoa que fala, que está na primeira pessoa do singular: eu).

Observação: Os pronomes possessivos podem ser substantivados ou adjetivados.

> Esta bicicleta é a **minha**, encontrei a **minha** chave e a **tua**.
>
>
>
> (As palavras em destaque foram usadas no lugar do nome, ou seja, do substantivo).

> **Seu** namorado é uma pessoa muito sensata.
>
>
>
> Os alunos são **meus** amigos.
>
>
>
> (As palavras em destaque acompanham o substantivo).

Quadro de Pronomes Possessivos

PESSOAS NO DISCURSO	MASCULINO	FEMININO
1ª pessoa do singular	meu/meus	minha/minhas
2ª pessoa do singular	teu/teus	tua/tuas
3ª pessoa do singular	seu/seus	sua/suas
1ª pessoa do plural	nosso/nossos	nossa/nossas
2ª pessoa do plural	vosso/vossos	vossa/vossas
3ª pessoa do plural	seu/seus	sua/suas

Emprego do pronome possessivo

a) São usados para evitar ambiguidades. Nesse caso, deve-se colocar o pronome possessivo próximo ao termo que indica a coisa possuída, quando houver a terceira pessoa da oração, para que não haja confusão quanto à posse. É importante, desse modo, inserir nestes casos uma expressão esclarecedora, que indica quem possui o que.

> Ana trabalhou com uma amiga em sua casa.

Na casa de quem? De Ana, da amiga ou da pessoa

que lê a frase? Para que esta dúvida não aconteça, é aconselhável esclarecer.

> Ana trabalhou com uma amiga em sua própria casa.

b) Há casos em que o pronome possessivo muda sua significação, tendo em vista a colocação do pronome em relação ao substantivo.

> Não recebi suas notícias.
> (aquilo que você enviou, comunicou)
> Não recebi notícias suas.
> (informações referentes à pessoa)

DEMONSTRATIVOS

Tendo como ponto de referência as pessoas do discurso, os pronomes demonstrativos indicam a posição, o lugar ou a identidade dos seres em relação às pessoas do discurso. Determinam a aproximação (maior ou menor) de quem discursa em tempo e espaço.

- Este(s), esta(s), isto: são empregados quando o objeto de que se fala está próximo da pessoa que discursa.

> Comprarei esta luva.
> (Indica que a luva está próxima do locutor).

- Esse(s), essa(s), isso: são empregados quando o objeto de que se fala está longe da pessoa que discursa.

> Pegue esse lápis. (O lápis está longe da pessoa que fala, mas está perto de seu interlocutor).

- Aquele(s), aquela(s), aquilo: são empregados quando o objeto de que se fala está longe tanto da pessoa que discursa quanto de seu interlocutor.

> Aquele carro é belíssimo.

INDEFINIDOS

Trata-se da 3ª pessoa do discurso, de forma indeterminada, imprecisa. Podem ocorrer na forma de substantivos e/ou adjetivos.

- Pronomes substantivos: algo, alguém, fulano, sicrano, beltrano, nada, ninguém, outrem, quem, tudo.

> Alguém está atrás da porta.

- Pronomes adjetivos: cada, certo(a), certos(as).

> Cada cidadão tem o direito de votar em quem quiser.
> Certa pessoa deseja falar com você.

- Pronomes que alternam entre substantivo e adjetivo: algum(as), alguns, bastante, vários(as),todo(as), tanto(as), outro(as), pouco(as), qualquer, quaisquer, qual, que, quantos, nenhum(a), nenhuns, muito(as).

> Já estavam há bastante tempo na fila quando fecharam o estabelecimento.

- Pronomes que funcionam a partir de locuções indefinidas, ou seja, expressões que funcionam como pronomes: cada qual, cada um, qualquer um, quantos quer, uma ou outra, um ou outro, seja qual for, seja quem for, quantos quer (que seja), tal e qual.

> Seja quem for eleito, o país continuará assim.

RELATIVOS

Representam pessoas já pronunciadas no discurso, para que não haja repetição de um mesmo termo; substituem um substantivo ou adjetivo anteriormente usado na frase. O pronome relativo representa o termo antecedente e auxilia na construção discursiva, visto que permite a junção de duas orações.

Os pronomes relativos são: o qual, as quais, que, onde, quantas, quanta, cujo(a), cujos(as), a qual, quanto.

> A escola onde estudo fica muito longe.

INTERROGATIVOS

Empregados com a finalidade de questionar, podem ser expressos de forma direta (com a utilização do ponto de interrogação) ou indireta (expressos por meio de verbos significativos, indicando questionamento). Os pronomes interrogativos são: Quem? Qual? Que? Quando? Quantos? Quantas? Por quê?

VERBO

Seria possível conjugar o verbo chover?

Verbo é toda palavra variável em número, pessoa, modo, tempo e voz, que indica um processo que aconteceu, está acontecendo ou virá a acontecer.

> Marcos assistiu ao filme. **(ação)**
> Maria está doente. **(estado)**
> A flor desabrochou-se. **(mudança de estado)**
> Ventou a tarde inteira. **(fenômeno da natureza)**

ESTRUTURA DO VERBO

Em sua estrutura os verbos são compostos por: radical, vogal temática e desinência.

Radical: é a parte do verbo que se obtêm quando se retira as terminações ar, er, ir e or. O radical é a base do verbo.

Infinitivo	Radical	Terminação
SONHAR	SONH	AR
COMER	COM	ER
SAIR	SA	IR

Vogal temática: é a vogal que liga o radical à terminação e indica a que conjugação o verbo pertence.

Infinitivo	Vogal temática	Conjugação
sonhar	a	1ª conjugação
comer	e	2ª conjugação
sair	i	3ª conjugação

A junção do radical com a vogal temática recebe o nome de tema.

Desinência: é o elemento mórfico que indica o tempo, o modo, a pessoa e o número a que o verbo pertence.

> **cant-a-re-**mos / **cant** = radical / **a** = vogal temática
> / **re** = desinência de tempo e modo
> /**mos** = desinência de pessoa a número

FLEXÕES DO VERBO

Pessoa

São três as pessoas do discurso:

- **Primeira pessoa:** a que fala *(eu e nós);*

- **Segunda pessoa:** com quem se fala *(tu e vós);*

- **Terceira pessoa:** de quem se fala *(ele/ela e eles/elas).*

Modo

São as atitudes da pessoa quando se fala:

- **Modo indicativo:** indica um fato certo, presente, no passado, presente seja futuro.

> Corrigimos as provas.

- **Modo subjuntivo:** Indica um fato incerto, duvidoso ou hipotético.

> Se **corrigisse** todas as provas, poderia ir à festa.

- **Modo imperativo:** indica uma ordem ou pedido.

> **Corrija** todas as provas.

Tempo

Indica o momento em que acontece a ação:

- **Presente:** indica um fato que ocorre no momento da fala.

> **Como** um bolo de chocolate.

- **Pretérito:** indica um fato que ocorreu antes do momento da fala. O pretérito do indicativo divide-se em:
- **Pretérito perfeito:** indica um fato que acontece e finaliza no passado.

> **Comi** um bolo de chocolate.

- **Pretérito imperfeito:** indica um fato que começou no passado, mas ainda não terminou.

> **Comia** um bolo de chocolate.

- **Pretérito mais-que-perfeito:** indica um fato no passado que se iniciou antes de um fato, também no passado.

> Marcos já **comera** um bolo de chocolate quando cheguei à sua casa.

- **Futuro:** indica um fato que ocorrerá depois do momento da fala. O futuro divide-se em:
- **Futuro do presente:** fato que irá acontecer.

> **Comerei** um bolo de chocolate.

- **Futuro do pretérito:** fato futuro que ocorre em relação ao passado.

> **Comeria** um bolo, se houvesse um na geladeira.

Número

Quanto ao número, o verbo pode se apresentar no singular ou no plural:

> Eu **assisti** ao filme. (1ª pessoa do singular)
> Nós **assistimos** ao filme. (1ª pessoa do plural)

Voz

Indica a relação entre o verbo e o sujeito, podendo acontecer de três maneiras:

- **Voz ativa:** ocorre quando o sujeito pratica a ação, isto é, o sujeito é o agente da oração.

> O astronauta **habitou** a lua.

- **Voz passiva:** ocorre quando o sujeito recebe a ação, isto é, o sujeito é paciente. Pode ocorrer de duas maneiras:

Voz passiva analítica: formar-se com verbos auxiliares (ser, estar e ficar) seguidos de verbo no particípio.

> A lua **foi habitada** pelo homem.

Voz passiva sintética ou pronominal: formar-se com verbo acompanhado da partícula apassivadora se.

> **Vende-se** uma casa. (Uma casa é vendida.)

- **Voz reflexiva**: ocorre quando o sujeito pratica e recebe a ação.

> Mário **acidentou-se** gravemente.

FORMAS NOMINAIS

As formas nominais não expressam tempo ou modo verbal e podem exercer a função de substantivos, adjetivos e advérbios. As formas verbais são:

- **Infinitivo:** pode exerce a função de substantivo.

> O **jantar** está pronto.

- **Particípio:** pode exercer a função de adjetivo.

> **Terminada** a lição, iremos à festa.

- **Gerúndio:** pode exercer a função de um advérbio ou de um adjetivo.

> Dia **amanhecendo.**

FORMAÇÃO DO IMPERATIVO

O imperativo, que é o modo que indica ordem, pedido, conselho ou recomendação, pode ser classificado em afirmativo ou negativo.

- **Imperativo afirmativo:** é formado do seguinte

modo: as segundas pessoas (tu e vós) derivam-se das formas do presente do indicativo, retirando-se a terminação -s; enquanto as outras pessoas são idênticas às do presente do subjuntivo

Presente do indicativo	Imperativo afirmativo	Presente do subjuntivo
eu amo	-	que eu ame
tu amas	ama (tu)	que tu ames
ele ama	ame (ele)	que ele ame
nós amamos	amemos (nós)	que nós amemos
vós amais	amai (vós)	que vos ameis
eles amam	amem (eles)	que eles amem

• **Imperativo negativo:** é formando a partir de todas as pessoas do presente do subjuntivo, apenas acrescentando o advérbio de negação.

Presente do subjuntivo	Imperativo afirmativo
que eu ame	-
que tu ames	não ames (tu)
que ele ame	não ame (ele)
que nós amemos	amemos (nós)
que vós ameis	não ameis (vós)
que eles amem	não amem (eles)

CLASSIFICAÇÃO DOS VERBOS

Quanto à conjugação, os verbos podem receber várias classificações.

Verbos regulares

São os verbos que não sofrem modificações no radical ao serem conjugados.

MODO INDICATIVO		
CANTAR	VENDER	PARTIR
PRESENTE		
CANTO	VENDO	PARTO
CANTAS	VENDES	PARTES
CANTA	VENDE	PARTE
CANTAMOS	VENDEMOS	PARTIMOS
CANTAIS	VENDEIS	PARTIS
CANTAM	VENDEM	PARTEM

PRETÉRITO PERFEITO		
CANTEI	VENDI	PARTI
CANTASTE	VENDESTE	PARTISTE
CANTOU	VENDEU	PARTIU
CANTAMOS	VENDEMOS	PARTIMOS

| CANTASTES | VENDESTES | PARTISTES |
| CANTARAM | VENDERAM | PARTIRAM |

PRETÉRITO IMPERFEITO		
CANTAVA	VENDIA	PARTIA
CANTAVAS	VENDIAS	PARTIAS
CANTAVA	VENDIA	PARTIA
CANTÁVAMOS	VENDÍAMOS	PARTÍAMOS
CANTÁVEIS	VENDÍEIS	PARTÍEIS
CANTAVAM	VENDIAM	PARTIAM

PRETÉRITO MAIS-QUE-PERFEITO		
CANTARA	VENDERA	PARTIRA
CANTARAS	VENDERAS	PARTIRAS
CANTARA	VENDERA	PARTIRA
CANTÁRAMOS	VENDÊRAMOS	PARTÍRAMOS
CANTÁREIS	VENDEREIS	PARTÍREIS
CANTARAM	VENDERAM	PARTIRAM

FUTURO DO PRESENTE		
CANTAREI	VENDEREI	PARTIREI
CANTARÁS	VENDERÁS	PARTIRÁS

CANTARÁ	VENDERÁ	PARTIRÁ
CANTAREMOS	VENDEREMOS	PARTIREMOS
CANTAREIS	VENDEREIS	PARTIREIS
CANTARÃO	VENDERÃO	PARTIRÃO

FUTURO DO PRETÉRITO		
CANTARIA	VENDERIA	PARTIRIA
CANTARIAS	VENDERIAS	PARTIRIAS
CANTARIA	VENDERIA	PARTIRIA
CANTARÍAMOS	VENDERÍAMOS	PARTIRÍAMOS
CANTARÍEIS	VENDERÍEIS	PARTIRÍEIS
CANTARIAM	VENDERIAM	PARTIRIAM

MODO SUBJUNTIVO		
CANTAR	VENDER	PARTIR
PRESENTE		
QUE EU CANTE	QUE EU VENDA	QUE EU PARTA
QUE TU CANTES	QUE TU VENDAS	QUE TU PARTAS
QUE ELE CANTE	QUE ELE VENDA	QUE ELE PARTA
QUE NÓS CANTEMOS	QUE NÓS VENDAMOS	QUE NÓS PARTAMOS
QUE VÓS CANTEIS	QUE VÓS VENDAIS	QUE VÓS PARTAIS
QUE ELES CANTEM	QUE ELES VENDAM	QUE ELES PARTAM

PRETÉRITO IMPERFEITO

SE EU CANTASSE	SE EU VENDESSE	SE EU PARTISSE
SE TU CANTASSES	SE TU VENDESSES	SE TU PARTISSES
SE ELE CANTASSE	SE ELE VENDESSE	SE ELE PARTISSE
SE NÓS CANTÁSSEMOS	SE NÓS VENDÊSSEMOS	SE NÓS PARTÍSSEMOS
SE VÓS CANTÁSSEIS	SE VÓS VENDÊSSEIS	SE VÓS PARTÍSSEIS
SE ELES CANTASSEM	SE ELES VENDESSEM	SE ELES PARTISSEM

FUTURO

QUANDO EU CANTAR	QUANDO EU VENDER	QUANDO EU PARTIR
QUANDO TU CANTARES	QUANDO TU VENDERES	QUANDO TU PARTIRES
QUANDO ELE CANTAR	QUANDO ELE VENDER	QUANDO ELE PARTIR
QUANDO NÓS CANTARMOS	QUANDO NÓS VENDERMOS	QUANDO NÓS PARTIRMOS
QUANDO VÓS CANTARDES	QUANDO VÓS VENDERDES	QUANDO VÓS PARTIRDES
QUANDO ELES CANTAREM	QUANDO ELES VENDEREM	QUANDO ELES PARTIREM

MODO IMPERATIVO

CANTAR	VENDER	PARTIR
IMPERATIVO AFIRMATIVO		
CANTA TU	VENDE TU	PARTE TU
CANTE ELE	VENDA ELE	PARTA ELE
CANTEMOS NÓS	VENDAMOS NÓS	PARTAMOS NÓS
CANTAI VÓS	VENDEI VÓS	PARTI VÓS
CANTEM ELES	VENDAM ELES	PARTAM ELES

IMPERATIVO NEGATIVO		
NÃO CANTES TU	NÃO VENDAS TU	NÃO PARTAS TU
NÃO CANTE ELE	NÃO VENDA ELE	NÃO PARTA ELE
NÃO CANTEMOS NÓS	NÃO VENDAMOS NÓS	NÃO PARTAMOS NÓS
NÃO CANTEIS VÓS	NÃO VENDAIS VÓS	NÃO PARTAIS VÓS
NÃO CANTEM ELES	NÃO VENDAM ELES	NÃO PARTAM ELES

FORMAS MONIMAIS

INFINITIVO IMPESSOAL		
CANTAR	VENDER	PARTIR
INFINITIVO PESSOAL		
CANTAR EU	VENDER EU	PARTIR EU
CANTARES TU	VENDERES TU	PARTIRES TU

CANTAR ELE	VENDER ELE	PARTIR ELE
CANTARMOS NÓS	VENDERMOS NOS	PARTIRMOS NÓS
CANTARDES VÓS	VENDERDES VÓS	PARTIRDES VÓS
CANTAREM ELES	VENDEREM ELES	PARTIREM ELES

GERÚNDIO		
CANTANDO	VENDENDO	PARTINDO

PARTICÍPIO		
CANTADO	VENDIDO	PARTIDO

Verbos irregulares

São os verbos que sofrem modificações no radical ou não seguem as terminações já estabelecidas pelo grupo ao serem conjugados.

Observação: Para saber se o verbo é regular ou irregular basta conjugá-lo no presente e no pretérito perfeito do indicativo.

Verbos irregulares da 1ª conjugação:

MODO INDICATIVO		
DAR		
PRESENTE DO INDICATIVO	**PRETÉRITO IMPERFEITO**	**PRETÉRITO PERFEITO**
DOU	DAVA	DEI
DÁS	DAVAS	DESTE
DÁ	DAVA	DEU
DAMOS	DÁVAMOS	DEMOS
DAIS	DÁVEIS	DESTES
DÃO	DAVAM	DERAM
PRETÉRITO MAIS-QUE-PERFEITO	**FUTURO DO PRESENTE**	**FUTURO DO PRETÉRITO**
DERA	DARIA	DAREI
DERAS	DARIAS	DARÁS
DERA	DARIA	DARÁ
DÉRAMOS	DARÍAMOS	DAREMOS
DÉREIS	DARÍEIS	DAREIS
DERAM	DARIAM	DARÃO
MODO SUBJUNTIVO		
PRESENTE	**PRETÉRITO IMPERFEITO**	**FUTURO**
DÊ	DESSE	EU DER
DÊS	DESSES	DERES

DÊ	DESSE	DER
DEMOS	DÉSSEMOS	DERMOS
DEIS	DÉSSEIS	DERDES
DEEM	DESSEM	DEREM

MODO IMPERATIVO		INFINITIVO PESSOAL
AFIRMATIVO	**NEGATIVO**	DAR
DÁ TU	NÃO DÊS	DARES
DÊ	NÃO DÊ	DAR
DEMOS	NÃO DEMOS	DARMOS
DAI	NÃO DEIS	DARDES
DÊEM	NÃO DÊEM	DAREM

FORMAS NOMINAIS		
GERÚNDIO	**PARTICÍPIO**	**INFINITIVO IMPESSOAL**
DANDO	DADO	DAR

Verbos irregulares da 2ª conjugação:

MODO INDICATIVO		
CABER		
PRESENTE DO INDICATIVO	**PRETÉRITO IMPERFEITO**	**PRETÉRITO PERFEITO**
CAIBO	CABIA	COUBE

CABES	CABIAS	COUBESTE
CABE	CABIA	COUBE
CABEMOS	CABÍAMOS	COUBEMOS
CABEIS	CABÍEIS	COUBESTES
CABEM	CABIAM	COUBERAM

PRETÉRITO MAIS--QUE-PERFEITO	FUTURO DO PRESENTE	FUTURO DO PRETÉRITO
COUBERA	CABEREI	CABERIA
COUBERAS	CABERÁS	CABERIAS
COUBERA	CABERÁ	CABERIA
COUBÉRAMOS	CABEREMOS	CABERÍAMOS
COUBÉREIS	CABEREIS	CABERÍEIS
COUBERAM	CABERÃO	CABERIAM

MODO SUBJUNTIVO		
PRESENTE	PRETÉRITO IMPERFEITO	FUTURO
CAIBA	COUBESSE	COUBER
CAIBAS	COUBESSES	COUBERES
CAIBA	COUBESSE	COUBER
CAIBAMOS	COUBÉSSEMOS	COUBERMOS
CAIBAIS	COUBÉSSEIS	COUBERDES
CAIBAM	COUBESSEM	COUBEREM

MODO IMPERATIVO		INFINITIVO PESSOAL
Afirmativo	**Negativo**	CABER
CABE TU	NÃO CAIBAS TU	CABERES
CAIBA ELE	NÃO CAIBA ELE	CABER
CAIBAMOS NÓS	NÃO CAIBAMOS NÓS	CABERMOS
CABEI VÓS	NÃO CAIBAIS VÓS	CABERDES
CAIBAM ELES	NÃO CAIBAM ELES	CABEREM

FORMAS NOMINAIS		
Gerúndio	**Particípio**	**Infinitivo impessoal**
CABENDO	CABIDO	CABER

MODO INDICATIVO		
DIZER		
Presente do indicativo	**Pretérito imperfeito**	**Pretérito perfeito**
DIGO	DIZIA	DISSE
DIZES	DIZIAS	DISSESTE
DIZ	DIZIA	DISSE
DIZEMOS	DIZÍAMOS	DISSEMOS
DIZEIS	DIZÍEIS	DISSESTES
DIZEM	DIZIAM	DISSERAM

PRETÉRITO MAIS--QUE-PERFEITO	FUTURO DO PRESENTE	FUTURO DO PRETÉRITO
DISSERA	DIREI	DIRIA
DISSERAS	DIRÁS	DIRIAS
DISSERA	DIRÁ	DIRIA
DISSÉRAMOS	DIREMOS	DIRÍAMOS
DISSÉREIS	DIREIS	DIRÍEIS
DISSERAM	DIRÃO	DIRIAM

MODO SUBJUNTIVO		
PRESENTE	PRETÉRITO IMPERFEITO	FUTURO
DIGA	DISSESSE	DISSER
DIGAS	DISSESSES	DISSERES
DIGA	DISSESSE	DISSER
DIGAMOS	DISSÉSSEMOS	DISSERMOS
DIGAIS	DISSÉSSEIS	DISSERDES
DIGAM	DISSESSEM	DISSEREM

MODO IMPERATIVO		INFINITIVO PESSOAL
AFIRMATIVO	NEGATIVO	DIZER
DIZE TU	NÃO DIGAS TU	DIZERES

DIGA ELE	NÃO DIGA ELE	DIZER
DIGAMOS NÓS	NÃO DIGAMOS NÓS	DIZERMOS
DIZEI VÓS	NÃO DIGAIS VÓS	DIZERDES
DIGAM ELES	NÃO DIGAM ELES	DIZEREM

FORMAS NOMINAIS

GERÚNDIO	PARTICÍPIO	INFINITIVO IMPESSOAL
DIZENDO	DITO	DIZER

MODO INDICATIVO

PODER

PRESENTE DO INDICATIVO	PRETÉRITO IMPERFEITO	PRETÉRITO PERFEITO
POSSO	PODIA	PUDE
PODES	PODIAS	PUDESTE
PODE	PODIA	PÔDE
PODEMOS	PODÍAMOS	PUDEMOS
PODEIS	PODÍEIS	PUDESTES
PODEM	PODIAM	PUDERAM
PRETÉRITO MAIS--QUE-PERFEITO	FUTURO DO PRESENTE	FUTURO DO PRETÉRITO
PUDERA	PODEREI	PODERIA

PUDERAS	PODERÁS	PODERIAS
PUDERA	PODERÁ	PODERIA
PUDÉRAMOS	PODEREMOS	PODERÍAMOS
PUDÉREIS	PODEREIS	PODERÍEIS
PUDERAM	PODERÃO	PODERIAM

MODO SUBJUNTIVO		
PRESENTE	**PRETÉRITO IMPERFEITO**	**FUTURO**
POSSA	PUDESSE	PUDER
POSSAS	PUDESSES	PUDERES
POSSA	PUDESSE	PUDER
POSSAMOS	PUDÉSSEMOS	PUDERMOS
POSSAIS	PUDÉSSEIS	PUDERDES
POSSAM	PUDESSEM	PUDEREM

MODO IMPERATIVO		INFINITIVO PESSOAL
AFIRMATIVO	**NEGATIVO**	PODER
PODE TU	NÃO POSSAS TU	PODERES
POSSA VOCÊ	NÃO POSSAS VOCÊ	PODER
POSSAMOS NÓS	NÃO POSSAMOS NÓS	PODERMOS
POSSEIS VÓS	NÃO POSSAIS VÓS	PODERDES
POSSAM VOCÊS	NÃO POSSAM VOCÊS	PODEREM

FORMAS NOMINAIS

GERÚNDIO	PARTICÍPIO	INFINITIVO IMPESSOAL
PODENDO	PODIDO	PODER

MODO INDICATIVO

FERIR		
PRESENTE DO INDICATIVO	**PRETÉRITO IMPERFEITO**	**PRETÉRITO PERFEITO**
FIRO	FERIA	FERI
FERES	FERIAS	FERISTE
FERE	FERIA	FERIU
FERIMOS	FERÍAMOS	FERIMOS
FERIS	FERÍEIS	FERISTES
FEREM	FERIAM	FERIRAM
PRETÉRITO MAIS--QUE-PERFEITO	**FUTURO DO PRESENTE**	**FUTURO DO PRETÉRITO**
FERIRA	FERIREI	FERIRIA
FERIRAS	FERIRÁS	FERIRIAS
FERIRA	FERIRÁ	FERIRIA
FERÍRAMOS	FERIREMOS	FERIRÍAMOS
FERÍREIS	FERIREIS	FERIRÍEIS
FERIRAM	FERIRÃO	FERIRIAM

MODO SUBJUNTIVO		
PRESENTE	**PRETÉRITO IMPERFEITO**	**FUTURO**
FIRA	FERISSE	FERIR
FIRAS	FERISSES	FERIRES
FIRA	FERISSE	FERIR
FIRAMOS	FERÍSSEMOS	FERIRMOS
FIRAIS	FERÍSSEIS	FERIRDES
FIRAM	FERISSEM	FERIREM

MODO IMPERATIVO		INFINITIVO PESSOAL
AFIRMATIVO	**NEGATIVO**	FERIR
FERE TU	NÃO FIRAS TU	FERIRES
FIRA ELE	NÃO FIRA ELE	FERIR
FIRAMOS NÓS	NÃO FIRAMOS NÓS	FERIRMOS
FERI VÓS	NÃO FIRAIS VÓS	FERIRDES
FIRAM ELES	NÃO FIRAM ELES	FERIREM
FORMAS NOMINAIS		
GERÚNDIO	**PARTICÍPIO**	**INFINITIVO IMPESSOAL**
FERINDO	FERIDO	FERIR

MODO INDICATIVO

CAIR

Presente do Indicativo	Pretérito Imperfeito	Pretérito Perfeito
CAIO	CAÍA	CAÍ
CAIS	CAÍAS	CAÍSTE
CAI	CAÍA	CAIU
CAÍMOS	CAÍAMOS	CAÍMOS
CAÍS	CAÍEIS	CAÍSTES
CAEM	CAÍAM	CAÍRAM

Pretérito Mais--que-perfeito	Futuro do Presente	Futuro do Pretérito
CAÍRA	CAIREI	CAIRIA
CAÍRAS	CAIRÁS	CAIRIAS
CAÍRA	CAIRÁ	CAIRIA
CAÍRAMOS	CAIREMOS	CAIRÍAMOS
CAÍREIS	CAIREIS	CAIRÍEIS
CAÍRAM	CAIRÃO	CAIRIAM

MODO SUBJUNTIVO

Presente	Pretérito imperfeito	Futuro
CAIA	CAÍSSE	CAIR
CAIAS	CAÍSSES	CAÍRES

CAIA	CAÍSSE	CAIR
CAIAMOS	CAÍSSEMOS	CAIRMOS
CAIAIS	CAÍSSEIS	CAIRDES
CAIAM	CAÍSSEM	CAÍREM

MODO IMPERATIVO		INFINITIVO PESSOAL
AFIRMATIVO	**NEGATIVO**	CAIR
CAI TU	NÃO CAIAS TU	CAÍRES
CAIA ELE	NÃO CAIA ELE	CAIR
CAIAMOS NÓS	NÃO CAIAMOS NÓS	CAIRMOS
CAÍ VÓS	NÃO CAIAIS VÓS	CAIRDES
CAIAM ELES	NÃO CAIAM ELES	CAÍREM
FORMAS NOMINAIS		
GERÚNDIO	**PARTICÍPIO**	**INFINITIVO IMPESSOAL**
CAINDO	CAÍDO	CAIR
CAIAS	CAÍSSES	CAÍRES
CAIA	CAÍSSE	CAIR
CAIAMOS	CAÍSSEMOS	CAIRMOS
CAIAIS	CAÍSSEIS	CAIRDES
CAIAM	CAÍSSEM	CAÍREM

MODO IMPERATIVO		INFINITIVO PESSOAL
AFIRMATIVO	**NEGATIVO**	CAIR
CAI TU	NÃO CAIAS TU	CAÍRES
CAIA ELE	NÃO CAIA ELE	CAIR
CAIAMOS NÓS	NÃO CAIAMOS NÓS	CAIRMOS
CAÍ VÓS	NÃO CAIAIS VÓS	CAIRDES
CAIAM ELES	NÃO CAIAM ELES	CAÍREM
FORMAS NOMINAIS		
GERÚNDIO	**PARTICÍPIO**	**INFINITIVO IMPESSOAL**
CAINDO	CAÍDO	CAIR

MODO INDICATIVO		
VIR		
PRESENTE DO INDICATIVO	**PRETÉRITO IMPERFEITO**	**PRETÉRITO PERFEITO**
VENHO	VINHA	VIM
VENS	VINHAS	VIESTE
VEM	VINHA	VEIO
VIMOS	VÍNHAMOS	VIEMOS
VINDES	VÍNHEIS	VIESTES
VÊM	VINHAM	VIERAM

PRETÉRITO MAIS-QUE-PERFEITO	FUTURO DO PRESENTE	FUTURO DO PRETÉRITO
VIERA	VIREI	VIRIA
VIERAS	VIRÁS	VIRIAS
VIERA	VIRÁ	VIRIA
VIÉRAMOS	VIREMOS	VIRÍAMOS
VIÉREIS	VIREIS	VIRÍEIS
VIERAM	VIRÃO	VIRIAM

MODO SUBJUNTIVO		
PRESENTE	PRETÉRITO IMPERFEITO	FUTURO
VENHA	VIESSE	VIER
VENHAS	VIESSES	VIERES
VENHA	VIESSE	VIER
VENHAMOS	VIÉSSEMOS	VIERMOS
VENHAIS	VIÉSSEIS	VIERDES
VENHAM	VIESSEM	VIEREM

MODO IMPERATIVO		INFINITIVO PESSOAL
AFIRMATIVO	NEGATIVO	VIR
VEM TU	NÃO VENHAS TU	VIRES
VENHA ELE	NÃO VENHA ELE	VIR

VENHAMOS NÓS	NÃO VENHAMOS NÓS	VIRMOS
VINDE VÓS	NÃO VENHAIS VÓS	VIRDES
VENHAM ELES	NÃO VENHAM ELES	VIREM
FORMAS NOMINAIS		
GERÚNDIO	**PARTICÍPIO**	**INFINITIVO IMPESSOAL**
VINDO	VINDO	VIR

Verbos anômalos

São os verbos que sofrem profundas modificações ao serem conjugados. Na Língua Portuguesa são considerados anômalos ser e ir:

MODO INDICATIVO		
IR		
PRESENTE DO INDICATIVO	**PRETÉRITO IMPERFEITO**	**PRETÉRITO PERFEITO**
VOU	IA	FUI
VAIS	IAS	FOSTE
VAI	IA	FOI
VAMOS	ÍAMOS	FOMOS
IDES	ÍEIS	FOSTES
VÃO	IAM	FORAM

PRETÉRITO MAIS--QUE-PERFEITO	FUTURO DO PRESENTE	FUTURO DO PRETÉRITO
FORA	IREI	IRIA
FORAS	IRÁS	IRIAS
FORA	IRÁ	IRIA
FÔRAMOS	IREMOS	IRÍAMOS
FÔREIS	IREIS	IRÍEIS
FORAM	IRÃO	IRIAM

MODO SUBJUNTIVO

PRESENTE	PRETÉRITO IMPERFEITO	FUTURO
VÁ	FOSSE	FOR
VÁS	FOSSES	FORES
VÁ	FOSSE	FOR
VAMOS	FÔSSEMOS	FORMOS
VADES	FÔSSEIS	FORDES
VÃO	FOSSEM	FOREM

MODO IMPERATIVO		INFINITIVO PESSOAL
AFIRMATIVO	NEGATIVO	IR
VAI TU	NÃO VÁS TU	IRES
VÁ ELE	NÃO VÁ ELE	IR

VAMOS NÓS	NÃO VAMOS NÓS	IRMOS
IDE VÓS	NÃO VADES VÓS	IRDES
VÃO ELES	NÃO VÃO ELES	IREM

FORMAS NOMINAIS		
GERÚNDIO	PARTICÍPIO	INFINITIVO IMPESSOAL
INDO	IDO	IR

Verbos defectivos

São os verbos que não possuem todas as formas, apresentando, assim, uma conjunção incompleta.

MODO INDICATIVO		
FALIR		
PRESENTE DO INDICATIVO	PRETÉRITO IMPERFEITO	PRETÉRITO PERFEITO
-	FALIA	FALI
-	FALIAS	FALISTE
-	FALIA	FALIU
NÓS FALIMOS	FALÍAMOS	FALIMOS
VÓS FALIS	FALÍEIS	FALISTES
-	FALIAM	FALIRAM

Pretérito mais--que-perfeito	Futuro presente	Futuro do pretérito
FALIRA	FALIREI	FALIRIA
FALIRAS	FALIRÁS	FALIRIAS
FALIRA	FALIRÁ	FALIRIA
FALÍRAMOS	FALIREMOS	FALIRÍAMOS
FALÍREIS	FALIREIS	FALIRÍEIS
FALIRAM	FALIRÃO	FALIRIAM

MODO SUBJUNTIVO

Presente	Pretérito imperfeito	Futuro
-	FALISSE	FALIR
-	FALISSES	FALIRES
-	FALISSE	FALIR
-	FALÍSSEMOS	FALIRMOS
-	FALÍSSEIS	FALIRDES
-	FALISSEM	FALIREM

MODO IMPERATIVO		INFINITIVO PESSOAL
AFIRMATIVO	**NEGATIVO**	FALIR
-		FALIRES
-	O VERBO FALIR NÃO POSSUI IMPERATIVO NEGATIVO	FALIR
-		FALIRMOS
FALI VÓS		FALIRDES
-		FALIREM

FORMAS NOMINAIS		
GERÚNDIO	**PARTICÍPIO**	**INFINITIVO IMPESSOAL**
FALINDO	FALIDO	FALIR

MODO INDICATIVO		
PRECAVER		
PRESENTE DO INDICATIVO	**PRETÉRITO IMPERFEITO**	**PRETÉRITO PERFEITO**
-	PRECAVIA	PRECAVI
-	PRECAVIAS	PRECAVESTE
-	PRECAVIA	PRECAVEU
PRECAVEMOS	PRECAVÍAMOS	PRECAVEMOS
PRECAVEIS	PRECAVÍEIS	PRECAVESTES
-	PRECAVIAM	PRECAVERAM

Pretérito mais--que-perfeito	Futuro do presente	Futuro do pretérito
PRECAVERA	PRECAVEREI	PRECAVERIA
PRECAVERAS	PRECAVERÁS	PRECAVERIAS
PRECAVERA	PRECAVERÁ	PRECAVERIA
PRECAVÊRAMOS	PRECAVEREMOS	PRECAVERÍAMOS
PRECAVÊREIS	PRECAVEREIS	PRECAVERÍEIS
PRECAVERAM	PRECAVERÃO	PRECAVERIAM

MODO SUBJUNTIVO		
Presente	Pretérito imperfeito	Futuro
-	PRECAVESSE	EU PRECAVER
-	PRECAVESSES	PRECAVERES
-	PRECAVESSE	PRECAVER
-	PRECAVÊSSEMOS	PRECAVERMOS
-	PRECAVÊSSEIS	PRECAVERDES
-	PRECAVESSEM	PRECAVEREM

MODO IMPERATIVO		INFINITIVO PESSOAL
Afirmativo	**Negativo**	PRECAVER
-		PRECAVERES
-	O VERBO PRECAVER NÃO POSSUI IMPERATIVO NEGATIVO.	PRECAVER
-		PRECAVERMOS
PRECAVEI VÓS		PRECAVERDES
		PRECAVEREM

FORMAS NOMINAIS		
Gerúndio	**Particípio**	**Infinitivo impessoal**
PRECAVENDO	PRECAVISTO	PRECAVER

Verbos abundantes

São os verbos que possuem duas ou mais formas de valor idêntico, geralmente no particípio. A forma regular é usada com os verbos ter e ser, e a irregular com os verbos ser e estar.

Infinitivo	**Particípio Regular**	**Particípio Irregular**
ACEITAR	ACEITADO	ACEITO
ACENDER	ACENDIDO	ACESO
BENZER	BENZIDO	BENTO

DESENVOLVER	DESENVOLVIDO	DESENVOLTO
ELEGER	ELEGIDO	ELEITO
ENTREGAR	ENTREGADO	ENTREGUE
FIXAR	FIXADO	FIXO
GANHAR	GANHADO	GANHO
GASTAR	GASTADO	GASTO
IMPRIMIR	IMPRIMIDO	IMPRESSO
LIMPAR	LIMPADO	LIMPO
MATAR	MATADO	MORTO
PAGAR	PAGADO	PAGO
SECAR	SECADO	SECO
SEGURAR	SEGURADO	SEGURO
TINGIR	TINGIDO	TINTO
VAGAR	VAGADO	VAGO

Verbos auxiliares

São os verbos que entram na formação dos tempos compostos e das locuções pronominais.

ESTAR	HAVER	SER	TER
PRESENTE			
ESTOU	HEI	SOU	TENHO
ESTÁS	HÁS	ÉS	TENS

ESTÁ	HÁ	É	TEM
ESTAMOS	HAVEMOS	SOMOS	TEMOS
ESTAIS	HAVEIS	SOIS	TENDES
ESTÃO	HÃO	SÃO	TÊM
PRETÉRITO PERFEITO			
ESTIVE	HOUVE	FUI	TIVE
ESTIVESTE	HOUVESTE	FOSTE	TIVESTE
ESTEVE	HOUVE	FOI	TEVE
ESTIVEMOS	HOUVEMOS	FOMOS	TIVEMOS
ESTIVESTES	HOUVESTES	FOSTES	TIVESTES
ESTIVERAM	HOUVERAM	FORAM	TIVERAM
PRETÉRITO IMPERFEITO			
ESTAVA	HAVIA	ERA	TINHA
ESTAVAS	HAVIAS	ERAS	TINHAS
ESTAVA	HAVIA	ERA	TINHA
ESTÁVAMOS	HAVÍAMOS	ÉRAMOS	TÍNHAMOS
ESTÁVEIS	HAVÍEIS	ÉREIS	TÍNHEIS
ESTAVAM	HAVIAM	ERAM	TINHAM
PRETÉRITO IMPERFEITO			
ESTAVA	HAVIA	ERA	TINHA
ESTAVAS	HAVIAS	ERAS	TINHAS
ESTAVA	HAVIA	ERA	TINHA

ESTÁVAMOS	HAVÍAMOS	ÉRAMOS	TÍNHAMOS
ESTÁVEIS	HAVÍEIS	ÉREIS	TÍNHEIS
ESTAVAM	HAVIAM	ERAM	TINHAM

FUTURO DO PRESENTE

ESTAREI	HAVEREI	SEREI	TEREI
ESTARÁS	HAVERÁS	SERÁS	TERÁ
ESTARÁ	HAVERÁ	SERÁ	TERÁ
ESTAREMOS	HAVEREMOS	SEREMOS	TEREMOS
ESTAREIS	HAVEREIS	SEREIS	TEREIS
ESTARÃO	HAVERÃO	SERÃO	TERÃO

FUTURO DO PRETÉRITO

ESTARIA	HAVERIA	SERIA	TERIA
ESTARIAS	HAVERIAS	SERIAS	TERIA
ESTARIA	HAVERIA	SERIA	TERIA
ESTARÍAMOS	HAVERÍAMOS	SERÍAMOS	TERÍAMOS
ESTARÍEIS	HAVERÍEIS	SERÍEIS	TERÍEIS
ESTARIAM	HAVERIAM	SERIAM	TERIAM

ESTAR	HAVER	SER	TER

PRESENTE

QUE EU ESTEJA	HAJA	SEJA	TENHA

QUE TU ESTEJAS	HAJAS	SEJAS	TENHAS
QUE ELE ESTEJA	HAJA	SEJA	TENHA
QUE NÓS ESTEJAMOS	HAJAMOS	SEJAMOS	TENHAMOS
ESTEJAIS QUE VÓS	HAJAIS	SEJAIS	TENHAIS
QUE ELES ESTEJAM	HAJAM	SEJAM	TENHAM

PRETÉRITO IMPERFEITO			
SE EU ESTIVESSE	HOUVESSE	FOSSE	TIVESSE
SE TU ESTIVESSES	HOUVESSES	FOSSES	TIVESSES
SE ELE ESTIVESSE	HOUVESSE	FOSSE	TIVESSE
SE NÓS ESTIVÉSSEMOS	HOUVÉSSEMOS	FÔSSEMOS	TIVÉSSEMOS
SE VÓS ESTIVÉSSEIS	HOUVÉSSEIS	FÔSSEIS	TIVÉSSEIS
SE ELES ESTIVESSEM	HOUVESSEM	FOSSEM	TIVESSEM

FUTURO			
QUANDO EU ESTIVER	HOUVER	FOR	TIVER
QUANDO TU ESTIVERES	HOUVERES	FORES	TIVERES
QUANDO ELE ESTIVER	HOUVER	FOR	TIVER
QUANDO NÓS ESTIVERMOS	HOUVERMOS	FORMOS	TIVERMOS
QUANDO VÓS ESTIVERDES	HOUVERDES	FORDES	TIVERDES
QUANDO ELES ESTIVEREM	HOUVEREM	FOREM	TIVEREM

ESTAR	HAVER	SER	TER
PRESENTE			
QUE EU ESTEJA	HAJA	SEJA	TENHA
QUE TU ESTEJAS	HAJAS	SEJAS	TENHAS
QUE ELE ESTEJA	HAJA	SEJA	TENHA
QUE NÓS ESTEJAMOS	HAJAMOS	SEJAMOS	TENHAMOS
QUE VÓS ESTEJAIS	HAJAIS	SEJAIS	TENHAIS
QUE ELES ESTEJAM	HAJAM	SEJAM	TENHAM
PRETÉRITO IMPERFEITO			
SE EU ESTIVESSE	HOUVESSE	FOSSE	TIVESSE
SE TU ESTIVESSES	HOUVESSES	FOSSES	TIVESSES
SE ELE ESTIVESSE	HOUVESSE	FOSSE	TIVESSE
SE NÓS ESTIVÉSSEMOS	HOUVÉSSEMOS	FÔSSEMOS	TIVÉSSEMOS
SE VÓS ESTIVÉSSEIS	HOUVÉSSEIS	FÔSSEIS	TIVÉSSEIS
SE ELES ESTIVESSEM	HOUVESSEM	FOSSEM	TIVESSEM
FUTURO			
QUANDO EU ESTIVER	HOUVER	FOR	TIVER
QUANDO TU ESTIVERES	HOUVERES	FORES	TIVERES
QUANDO ELE ESTIVER	HOUVER	FOR	TIVER
QUANDO NÓS ESTIVERMOS	HOUVERMOS	FORMOS	TIVERMOS

QUANDO VÓS ESTIVERDES	HOUVERDES	FORDES	TIVERDES
QUANDO ELES ESTIVEREM	HOUVEREM	FOREM	TIVEREM

ESTAR	HAVER	SER	TER
IMPERATIVO AFIRMATIVO			
ESTÁ TU	HÁ TU	SÊ TU	TEM TU
ESTEJA VOCÊ	HAJA VOCÊ	SEJA VOCÊ	TENHA VOCÊ
ESTEJAMOS NÓS	HAJAMOS NÓS	SEJAMOS NÓS	TENHAMOS NÓS
ESTAI VÓS	HAVEI VÓS	SEDE VÓS	TENDE VÓS
ESTEJAM VOCÊS	HAJAM VOCÊS	SEJAM VOCÊS	TENHAM VOCÊS
IMPERATIVO NEGATIVO			
NÃO ESTEJAS TU	NÃO HAJAS TU	NÃO SEJAS TU	NÃO TENHAS TU
NÃO ESTEJA VOCÊ	NÃO HAJA VOCÊ	NÃO SEJA VOCÊ	NÃO TENHA VOCÊ
NÃO ESTEJAMOS NÓS	NÃO HAJAMOS NÓS	NÃO SEJAMOS NÓS	NÃO TENHAMOS NÓS
NÃO ESTEJAIS VÓS	NÃO HAJAIS VÓS	NÃO SEJAIS VÓS	NÃO TENHAIS VÓS
NÃO ESTEJAM VOCÊS	NÃO HAJAM VOCÊS	NÃO SEJAM VOCÊS	NÃO TENHAM VOCÊS

ESTAR	HAVER	SER	TER
INFINITIVO IMPESSOAL			
ESTAR	HAVER	SER	TER
INFINITIVO PESSOAL			
ESTAR (EU)	HAVER (EU)	SER (EU)	TER (EU)
ESTARES (TU)	HAVERES (TU)	SERES (TU)	TERES (TU)
ESTAR (ELE)	HAVER (ELE)	SER (ELE)	TER (ELE)
ESTARMOS (NÓS)	HAVERMOS (NÓS)	SERMOS (NÓS)	TERMOS (NÓS)
ESTARDES (VÓS)	HAVERDES (VÓS)	SERDES (VÓS)	TERDES (VÓS)
ESTAREM (ELES)	HAVEREM (ELES)	SEREM (ELES)	TEREM (ELES)
GERÚNDIO			
ESTANDO	HAVENDO	SENDO	TENDO
PARTICÍPIO			
ESTADO	HAVIDO	SIDO	TIDO

Verbos pronominais

Ao serem conjugados necessitam do acompanhamento dos pronomes oblíquos átonos. Na Língua Portuguesa, há apenas dois verbos essencialmente pronominais: arrepender-se e queixar-se.

MODO INDICATIVO		
QUEIXAR-SE		
PRESENTE DO INDICATIVO	**PRETÉRITO IMPERFEITO**	**PRETÉRITO PERFEITO**
QUEIXO-ME	QUEIXAVA-ME	QUEIXEI-ME
QUEIXAS-TE	QUEIXAVAS-TE	QUEIXASTE-TE
QUEIXA-SE	QUEIXAVA-SE	QUEIXOU-SE
QUEIXAMO-NOS	QUEIXÁVAMO-NOS	QUEIXAMO-NOS
QUEIXAI-VOS	QUEIXÁVEIS-VOS	QUEIXÁREIS-VOS
QUEIXAM-SE	QUEIXAVAM-SE	QUEIXARAM-SE
PRETÉRITO MAIS- -QUE-PERFEITO	**FUTURO DO PRESENTE**	**FUTURO DO PRETÉRITO**
QUEIXARA-ME	QUEIXAR-ME-EI	QUEIXAR-ME-IA
QUEIXARAS-TE	QUEIXAR-TE-ÁS	QUEIXAR-TE-IAS
QUEIXARA-SE	QUEIXAR-SE-Á	QUEIXAR-SE-IA
QUEIXÁRAMO-NOS	QUEIXAR-NOS-EMOS	QUEIXAR-NOS-ÍAMOS
QUEIXÁREIS-VOS	QUEIXAR-VOS-EIS	QUEIXAR-VOS-ÍEIS
QUEIXARAM-SE	QUEIXAR-SE-ÃO	QUEIXAR-SE-IAM

MODO SUBJUNTIVO		
PRESENTE	**PRETÉRITO IMPERFEITO**	**FUTURO**
QUE ME QUEIXE	SE ME QUEIXASSE	QUANDO ME QUEIXAR

| QUE TE QUEIXES | SE TE QUEIXASSES | QUANDO TE QUEIXARES |
| QUE SE QUEIXE | SE SE QUEIXASSE | QUANDO SE QUEIXAR |

MODO IMPERATIVO		INFINITIVO PESSOAL
AFIRMATIVO	**NEGATIVO**	QUEIXAR -ME
QUEIXA-TE	NÃO TE QUEIXES	QUEIXARES-TE
QUEIXE-SE	NÃO SE QUEIXE	QUEIXAR-SE
QUEIXEMO-NOS	NÃO NOS QUEIXEMOS	QUEIXARMO-NOS
QUEIXAI-VOS	NÃO VOS QUEIXEIS	QUEIXARDES-VOS
QUEIXEM-SE	NÃO SE QUEIXEM	QUEIXAREM-SE

FORMAS MONIMAIS		
GERÚNDIO	**PARTICÍPIO**	**INFINITIVO IMPESSOAL**
QUEIXANDO-SE	NÃO ADMITE A FORMA PRONOMINAL.	QUEIXAR-SE

ADVÉRBIO

Exerce a função de modificar o verbo, o adjetivo e o próprio advérbio, atua no campo da significação dessas alterações. Sintaticamente, é reconhecido como adjunto adverbial. Em geral acrescenta um circunstância ao verbo, no campo da intensidade que modificar adjetivos e advérbios. São, portanto, divididos conforme as circunstâncias em que serão manifestados.

- **De afirmação:** certamente, sim, deveras, incontestavelmente, realmente, efetivamente, etc.

> Minha mãe *certamente* sabe o que fazer.

- **De dúvida:** talvez, quiçá, porventura, acaso, provavelmente, certamente, decerto, certo, etc.

> *Possivelmente* não iremos à praia, pois talvez chova.

- **De intensidade:** muito, pouco, assaz, bastante, mais, menos, meio, completamente, profundamente, demasiadamente, excessivamente, evemente, bem, mal, quase, apenas, como, nada, quão, quanto, etc.

> A atividade era *muito* difícil para fazer em tão pouco tempo.

- **De lugar:** acima, abaixo, acolá, onde, lá , aqui, além, fora, afora, dentro, perto, longe, diante, adiante, através, avante, defronte, aonde, donde, etc.

> A igreja fica logo *abaixo* dessa rua.

- **De tempo:** hoje, agora, já, depois, amanhã, cedo, tarde, sempre, nunca, jamais, logo, ainda, antes, finalmente, raramente, diariamente, ora, afinal, outrora, então, breve.

> *Amanhã* será um bom dia paranos encontrarmos.

- **De modo:** mal, bem, assim, pior, como, alerta, melhor, aliás, calmamente, e a maioria dos advérbios que tem a terminação em MENTE.

> Aqui *mal* se pode olhar para os lados.

- **De negação:** não, nunca, tampouco.

> *Não* fui aprovado na disciplina por indisciplina.

- **Locuções adverbiais:** Ocorrem quando expressões compostas por mais de uma palavra indicam a finalidade de advérbio, geralmente estão acompanhadas de preposição: a pé, de fome, sobre música, com as mãos, à noite, de dia, de propósito, em cima, por baixo, passo a passo, lado a lado, vez por outra, etc.

> O cachorro estava *em cima* do sofá.

- **Advérbios interrogativos:** São empregado indicando lugar, modo, tempo e causa, quanto a sua forma de aplicação, podem ser divididos em:

Interrogação direta: como? onde? por que? aonde? donde? quando?

> *Por que* você não volta para mim?

Interrogação indireta: como, onde, por que, aonde, quando.

| Não entendo *por que* você não volta para mim. |

- **Graus dos advérbios:** Há casos em que os advérbios de tempo, modo, intensidade e lugar permitem a utilização, o emprego de graus. Também se dividem em:

Comparativo: Permite a comparação diretamente ligada a dois elementos da oração, para isso, ele se ramifica em:

Igualdade: O advérbio é empregado entre as palavras tão e quanto (como).

| Ele é *tão* bonito *quanto* ela, por isso forma um casal perfeito. |

Inferioridade: O advérbio é empregado entre as palavras menos e (do) que.

| Ele não é *menos* importante que ela. |

Superioridade: Se ramifica em duas formas para ser bem empregado.

a) Analítico: O advérbio é empregado entre as palavras mais e (do) que.

| Física é *mais* interessante que geografia. |

b) Sintético: O advérbio é empregado com as palavras melhor que ou pior que.

> Um amigo verdadeiro é *melhor* que dois duvidosos.

Superlativo absoluto: A comparação acontece de modo geral, globalizando o termo. Para isso, divide-se em:

a) Sintético: O advérbio é acrescido de um sufixo que indica a sua intensidade.

> Apesar de tudo ele ficou *calmíssimo.*

b) Analítico: a intensidade se dá com a utilização de outro advérbio.

> diante da situação cheguei *extremamente cedo.*

PREPOSIÇÃO

Palavra invariável que funciona como conectivo subordinativo que estabelece relação entre orações ou expressões. Essa subordinação acontece ligando um termo dependente, principal ou subordinante a outro independente, permitindo, desse modo, uma relação de lugar, posse, modo, causa, fim, etc.

• *Preposições essenciais:* de, contra, a, ante, após, até, com, outra, desde, em, entre, perante, para, por, sem, sob, sobre, trás.

> Somos estudantes *do* Brasil, mas chegamos aqui *por* orientação *de* professores franceses.

Observação: Caso o termo até tenha significação de inclusive, não funcionará como preposição e sim palavra de inclusão.

> Os professores ministram aulas *até* para alunos insuportáveis. (até = inclusive)

- **Preposições acidentais:** São termos de outras classes gramaticais que passam a exercer a função de preposição. Que, conforme, consoante, durante, segundo, mediante, visto, como, salvo, fora, etc.

> *Conforme* meus amigos, eu tenho uma voz incrível.

- **Locuções prepositivas:** Acontece quando expressões indicam uma funcionalidade de preposição, ou seja, quando determinadas expressões ligam orações e estabelecem uma relação entre elas. De modo geral, são formadas por advérbios ou as próprias locuções adverbiais e preposições: abaixo de, acerca de, à frente de, através de, à procura de, graças a, de acordo com, a despeito de, devido a, por trás de, em virtude de, para com, sob pena de, etc.

> Ela estava à *procura* de um amigo

Formação de algumas preposições:

a +	a = à as = às aquele = àquele aquela = àquela aquilo = aquilo	de +	o = do ele = dele este = deste isto = disto aqui = daqui
em +	esse = nesse o = no um = num aquele = naquela	per +	o = pelo

CONJUNÇÃO E INTERJEIÇÃO

CONJUNÇÃO

Palavra invariável que tem a função de ligar orações ou elementos de uma mesma oração.

- **Conjunções coordenativas:** não há dependência entre as orações unidas pela conjunção, ou seja, a segunda não completa o sentido da primeira.

Aditivas: Conjunções que expressam a ideia de acréscimo, soma, adição. Podem ser indicadas pelos termos: *e, nem, mas também, mas ainda, como também, bem como, senão também.*

> Os verdadeiros amigos estão presentes em tempos de alegria e tristeza.

Adversativas: Conjunções que expressam a ideia de oposição, contraste. Podem ser indicadas pelos termos: mas, porém, contudo, no entanto, entretanto, todavia, senão, ao passo que, apesar disso, não obstante, em todo caso.

Eu gosto muito de você, *mas* não podemos namorar.

Alternativas: Conjunções que expressam a ideia de alternância. Podem ser indicadas pelos termos: *ou...ou, ora...ora, já...já, quer...quer*.

Ou você come chocolate todos os dias *ou* começa a fazer uma dieta hoje.

Conclusivas: Conjunções que expressam a ideia de conclusão, que geralmente desfecham o pensamento. Podem ser indicadas pelos termos: portanto, logo, por conseguinte, pois (posposto ao verbo), por isso.

Ele não estudou, *logo* não foi aprovado.

Explicativas: Conjunções que expressam a ideia de explicação, de motivo. Podem ser indicadas pelos termos: porque, que, porquanto, pois (anteposto ao verbo).

Ele não chegou no horário *porque* o trânsito estava congestionado.

- **Conjunções subordinativas:** A conjunção une duas orações ou termos de uma oração que passam a exercer uma ligação significativa na medida em que elas se completam e passam a depender uma da outra.

Causais: Conjunções que expressam a ideia de causa. Podem ser indicadas pelos termos: porque, que, pois, como, porquanto, visto que, visto como, já que, desde que, uma vez que.

> Desde que seja possível, estarei sempre insistindo.

Comparativas: Conjunções que comparam ações entre as orações. Podem ser indicadas pelos termos: *como, tal qual, assim como, mais (do) que, quanto.*

> Ela se deixava levar *como* as ondas do mar.

Concessivas: Conjunções que apresentam um consenso entre as ideias. Podem ser indicadas pelos termos: embora, enquanto, ainda que, mesmo que, mesmo quando, posto que, se bem que, nem que, dado que, sem que.

> Leonardo era muito inteligente,
> *embora* não fosse estudioso.

Condicionais: Conjunções que apresentam condições para a completude da oração. Podem ser indicadas pelos termos: se, caso, desde que, salvo que, sem que, a menos que, a não ser que, dado que.

> *Se* não chover iremos à praia.

Conformativas: Conjunções que indicam conformidade entre as ações expressas nas orações. Podem ser indicadas pelos termos: conforme, como, segundo, consoante.

> *Conforme Beatriz*, a polícia não chegou a tempo de salvar seus familiares.

Consecutivas: Conjunções que indicam sequência das ações. Podem ser indicadas pelos termos: que + tal, tão, tanto, tamanho, (às vezes – subentendidos), de modo que, de forma que, de maneira que, de sorte que, sem que, que.

> Estava tão nervosa *de modo que* as mãos suavam.

Finais: São conjunções que expressam uma finalidade. Podem ser indicadas pelos termos: para que, a fim de que, que.

> Apresentaram todos os candidatos *para que* fossem justos.

Proporcionais: Conjunções que indicam proporção.

Podem ser indicadas pelos termos: à medida que, à proporção que, ao passo que, quanto mais, quanto menos, tanto mais, tanto menos

> À *medida que se* estuda descobre que menos se sabe.

Temporais: Conjunções que indicam relação de tempo entre as orações. Podem ser expressas pelos termos: quando, enquanto, mal (logo que), sempre que, assim que, desde que, depois que, agora que, etc.

> *Mal* cheguei, eles saíram.

Integrantes: São conjunções que integram as orações. Podem ser expressas pelos termos: que, se.

> Não sabemos *se* a morte é fácil.

- **Locuções conjuntivas:** Expressões compostas por duas palavras ou mais que indicam uma ligação entre as orações. Podem ser indicadas pelos termos: no entanto, visto que, desde que, se bem que, por mais que, logo que, à medida que, a fim de que, ainda quando.

> À *medida* que o tempo passa gosto mais de você.

INTERJEIÇÃO

São palavras ou locuções que indicam manifestação das emoções ou dos sentimentos, geralmente vêm acompanhadas pelo ponto exclamativo. Não exercem função sintática, em função de serem consideradas palavras-frases.

> Atenção! , Psiu!, Ah!, Viva!, Cuidado!

- **Locuções interjetivas:** Expressões ou grupos de palavras que exercem a função de interjeição, pois indicam estado emotivo.

> Meu Deus!, Cruz credo!, Ora bolas!, Ai de mim!

FRASE, ORAÇÃO, PERÍODO

SINTAXE

A Análise sintática é a parte da gramática da Língua Portuguesa que se dedica aos estudos dos termos que compõem uma frase.

- *Frase:* é todo enunciado provido de sentido completo, que provoque comunicação.

> Silêncio! / Show gratuito. / Vire à direita.
> Os estudantes tiraram boas notas.

> Na linguagem escrita classificam-se as frases de acordo com a pontuação.

De acordo com a entonação são classificadas em:

- *Declarativa:*

Afirmativa: afirmação de um fato.

> Maria estuda francês todos os dias.

Negativa: negação de um fato.

> Maria não estuda francês todos os dias.

- *Interrogativa:* Há uma indagação de um fato.

> Maria, você estuda francês todos os dias?

- *Exclamativa:* quanto há uma exaltação de um fato.

> Maria estuda francês todos os dias!

- *Imperativa:* quanto há um pedido.

> Maria estude francês!

De acordo com a construção, as frases são classificadas em:

- *Nominal:* Quando não há verbo na frase.

> Fogo! / Cuidado! / Belo serviço o seu!

• Verbal: Quando há verbo na frase.

> O céu estava tão tenebroso que parecia
> que o mundo iria acabar.

Oração: é todo enunciado que se estrutura em torno de um verbo, com dois termos essenciais: o sujeito e o predicado, ressaltando que a presença do predicado é obrigatória, já que não existe oração sem verbo.

> "Ih, com é difícil entender essa gente".
> (*Lygia Fagundes Telles*)
> as crianças brincavam no jardim.

Período: é a frase organizada em torno de um ou vários verbos, toda frase verbal é um período.

> Amanhã **ganharei** a carta de alforria, **estarei**
> livre desse amor. / O sol **anunciava** o despertar
> do novo dia.

O período pode ser classificado em:

• *Período simples:* quando há apenas um verbo, ou seja, uma oração.

> A seleção brasileira **desembarcou**
> no aeroporto de Guarulhos. /
> A vitória **foi** suada.

- *Período composto:* quando há mais de um verbo, ou seja, mais de uma oração.

> **Era** madrugada e eu **perambulava** pelas ruas desertas da cidade que não **conhecia**.
> / O equilibrista **fez** uma manobra radical, **andou** com os olhos vendados em uma estreita corda.

TERMOS DA ORAÇÃO

Termo é cada elemento de uma oração. Eles podem ser termos essenciais (sujeito e predicado), termos integrantes (complemento verbal, complemento nominal e agente da passiva) e termos acessórios da oração (adjunto adnominal, adjunto verbal e aposto).

TERMOS ESSENCIAIS DA ORAÇÃO

- *Sujeito:* é o termo da oração que pratica algo e o termo a que se refere o predicado.

- *Predicado:* é o termo da oração que contém o verbo e traz informação sobre o sujeito.

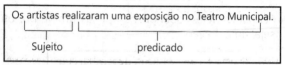

Núcleo do sujeito: é o vocábulo de maior importância na frase.

Sujeito	predicado
A bela e encantadora Maria	debruçou-se na janela.

Núcleo do sujeito

ESTUDO DO SUJEITO

Classificação do sujeito
- *Sujeito simples:* a oração tem apenas um núcleo.

> **O primeiro <u>beijo</u> é inesquecível.**

- *Sujeito composto:* a oração tem mais de um núcleo

> **A <u>laranja</u> e a <u>maçã</u> estão a preço de ouro.**

- *Sujeito oculto:* é quando o sujeito não está explícito na oração, mas pela desinência ou a presença do sujeito em outra oração é possível identificá-lo.

> Cantamos a madrugada inteira ao redor a fogueira
> ↳ **(Nós)**
> <u>**João**</u> acompanhou-me até esquina, depois seguiu outra direção.
>
> ↳ (João)

- *Sujeito indeterminado:* quando não é possível identificar o sujeito. Pode-se construir o sujeito indeterminado colocando o verbo na 3ª pessoa do singular (Ex. 1) ou colocando o verbo na terceira pessoa do singular juntamente com o pronome se (Ex. 2).

> Ex. 1: Mandaram cartas misteriosas para a garota de 701. (Quem mandou?)

> Ex. 2: Precisa-se de operários. (Quem precisa?)

Observação: se a frase estiver na voz passiva pronominal, a oração terá sujeito, pois a palavra será uma partícula apassivadora:

> Consertam-se roupas. (Roupas são consertadas)

• *Oração sem sujeito:* a oração apresenta em sua construção verbos impessoais.

O verbo *haver* com significado de existir, acontecer, realizar-se e fazer.

> Há algumas caixas de papelão no depósito.
> (haver com significado de existir)

O verbo *fazer* e *ser* quando indicam tempo transcorrido.

> Faz dez anos que não a vejo. (fazer indicando tempo)

Os verbos que designam fenômenos da natureza.

> Chovia e relampeava intensamente.

O verbo *estar* indicando temperatura ou clima.

> Está tão frio!

O sujeito pode aparecer em:

• *Ordem direta* - **Antes do predicado**

> **A triste menina** descansava no jardim.

• *Ordem inversa:* - **Depois do predicado**

> - No Jardim, descansava **a triste menina.**

No meio do predicado

> No jardim, **a triste menina** descansava.

ESTUDO DO PREDICADO

A *predicação* consiste na relação entre o sujeito e o predicado. Quanto a essa conexão, os versos são classificados em verbos intransitivos e transitivos.

• *Verbos Intransitivos:* são aqueles verbos que não precisam de complemento para dar sentido à frase, podendo sozinhos formar o predicado.

> A lua surgiu. / A luz apagou. / Olivier bebeu.

- *Verbos Transitivos:* são aqueles verbos que precisam de um complemento para que a frase tenha sentido. Os verbos transitivos subdividem-se em:

Verbos transitivos diretos: verbos que necessitam de um complemento sem o uso de preposição, seu complemento é o objeto direto.

> O inquilino pagou o último aluguel atrasado.

Verbos transitivos indireto: verbos que se ligam ao complemento (objeto indiretos) por meio de uma preposição.

> César acredita em seres do outro planeta.

Verbos transitivos diretos e indiretos: são aqueles verbos que apresentam dois complementos: um objeto direto e um objeto indireto.

> Maria **recebeu** flores de Lucas.

> **Observação:** para saber se o verbo é transitivo direto ou transitivo indireto, faça pergunta para o verbo. Verbos transitivos diretos respondem a pergunta (O quê. Quem?), verbos transitivos indiretos respondem a (De quê?, A quem?, De quem? e Em quê?) .

- *Verbos de ligação:* são verbos que estabelecem uma ligação entre o sujeito e as suas características (predicado). Os verbos de ligação mais comuns são: *ser, estar, parecer, permanecer, ficar, continuar, aparecer* e *viver*.

> A piscina de tão grande **parecia** um lago.
> Os jogadores **ficaram** inconformados com a derrota.

- *Predicativo*: é o termo essencial que funciona como núcleo do predicado.

Predicativo do sujeito: é o termo da oração que expressa características (qualidade ou estado) do sujeito, é o núcleo do predicado nominal e geralmente constituído por verbos de ligação.

> A árvore de natal está **enfeitada.**

Predicativo do objeto: é o termo da oração que expressa características do objeto, é núcleo do predicado verbo-nominal.

> Os espectadores acharam a peça **encantadora.**

TIPOS DE PREDICADOS

- *Predicado nominal:* quando o predicado é formado por um nome. É composto por um verbo de ligação

+ um predicativo do sujeito. O núcleo do predicado é o predicativo.

> O clube **está <u>lotado</u>**.
> Marcelo é **<u>esbelto</u> e <u>educado</u>**.

- *Predicado verbal:* o predicado tem como núcleo o verbo, sendo o predicado que informa uma ação. É composto por verbos intransitivos ou transitivos.

> A mamãe **<u>cozinhava</u> o prato predileto da família**.
> O avião **<u>decolou</u> às 9h da manhã**.

- *Predicado verbo-nominal:* o predicado é formado por um verbo que informa uma ação e também funciona como predicativo, ressaltando que o núcleo trata-se do predicado e do verbo.

> Os alunos **<u>chegaram</u> da escola <u>eufóricos</u>**.
> As pessoas **<u>ouviam</u> o resultado final <u>apreensivas</u>**.

Observação: Na voz passiva, quem pratica a ação chama-se agente da passiva, que geralmente aparece na frase acompanhado da proposição por ou de.

> A mala foi aberta **por policiais**.
> O acidentado ficou rodeado **de curiosos**.

A voz passiva realiza-se de dois modos:

Voz passiva analítica: quando composta pelo verbo auxiliar ser seguido de um particípio:

O rio **foi poluído** pelos mineradores.

Voz passiva sindética: quando não há o verbo ser, sendo, assim, construída com um verbo transitivo direto acompanhado do pronome se:

Vende-se casa.
Divulgou-se a lista de aprovados.

Dica: A forma passiva sindética pode ser transformada em voz passiva analítica:

Casas são vendidas.
A lista de aprovados foi divulgada.
(Caso a transformação não seja possível, o verbo não estará na voz passiva analítica).

Em relação à ação expressa pelo verbo, o sujeito pode aparecer na oração como:

• *Sujeito agente:* o próprio sujeito pratica a ação expressa pelo verbo, com isso, o verbo encontra-se na voz ativa.

Os meninos quebraram o vidro da janela.

• Sujeito paciente: o sujeito recebe a ação expressa

pelo verbo, com isso, o verbo está na voz passiva.

> **O vidro da janela** foi quebrado pelos meninos.

- *Sujeito agente e paciente:* o sujeito pratica e recebe a ação expressa pelo verbo, com isso, o verbo encontra-se na voz reflexiva.

> **Capitu** penteou-se demoradamente.

TERMOS INTEGRANTES DA ORAÇÃO

Os termos integrantes de uma oração são aqueles que completam o sentido de um verbo transitivo (como foi apresentado verbos intransitivos por si só não apresentam sentido completo) ou de um nome. Esses termos integrantes são indispensáveis é classificam-se em:

- **Complementos verbais:** são os termos que completam o sentido dos verbos transitivos diretos e indiretos, dividindo-se em:

Objeto direto: é o termo que completa o sentido de um verbo transitivo direto, liga-se ao verbo sem necessitar de uma proposição.

> O presidente decretou **a lei.**
> Daniel arrumou **um novo emprego.**

Objeto indireto: é o termo que completa o sentido de um verbo transitivo indireto, necessita-se de uma preposição.

> O menino não gostava **de frutas e verduras.**

> **Observação:** O núcleo do objeto direto ou indireto é sempre a palavra principal.
>
> Eu fiz um saboroso **bolo de** chocolate.
> Eu preciso de pequenos e brilhantes **botões.**

Pronomes oblíquos na função de objeto: são os pronomes oblíquos (o, a, os, as, e as variante lo, la, los, las, no, na, nos, nas) que funcionam como objeto direto e os pronomes lhe e lhes que funcionam como objeto indireto.

> Vi-**o** ontem noite. / O resultado chocou-**a**
> Disserem-**lhe** palavras de conforto.

Objeto direto preposicionado: é quando o objeto direto se liga ao verbo com o auxílio de uma preposição por questões estilísticas. O objeto direto preposicionado acontece quando:

> • O objeto é formado por um pronome pessoal oblíquo tônico.
> Não responderam nem **a mim** nem **a ti.**
>
> • O objeto é formado por nomes referentes a pessoas.
> Luciana ama **a Jorge.**

- o objeto é formado pelo pronome quem (relativo ou definido)

- Não sei **a quem** me dirigirO objeto é formado por pronome indefinido.

A morte de Getúlio Vargas comoveu **a todos.**

- o objeto estiver ambíguo na frase.

Traiu a mulher o esposo. (quem traiu?)
Traiu à mulher o esposo.
(sujeito: o esposo e objeto direto: a esposa)

- o objeto der ideia de proporção (parte de, porção).

Ele queria **a parte** que lhe cabia.

Objeto pleonástico: há a repetição do objeto (direto ou indireto) na frase.

Maria, eu **a** amo tanto.
(objeto direto/ objeto direto pleonástico)
Ao ateu, nada **lhe** convence da existência de Deus.
(objeto indireto/ objeto indireto pleonástico)

Agente da passiva: é o complemento verbal que indica quem realizou a ação, enquanto o verbo está na voz passiva.

O assalto foi registrado pela **câmera de segurança do prédio.**

- **Complementos nominais:** é o termo integrante de uma oração que completo o sentido de um nome (substantivo, adjetivos e advérbios), sendo obrigatória a presença de uma preposição.

> A saudade **da infância** doía no peito.
> Carlos defende a proteção dos **animais.**

> **Observação:** Distinção entre complemento nominal e objeto indireto. Ambos necessitam de uma preposição, mas o complemento nominal completa o sentido de um nome, já o objeto indireto completa o sentido de um verbo. Veja:
>
> Confio **em meus pais**. (objeto direto, pois completa o verbo confiar)
>
> A confiança **em meus pais** é o meu porto seguro.
> *(complemento nominal, completa o*
> *sentido de um nome).*

TERMOS ACESSÓRIOS DA ORAÇÃO

Acrescentam novas informações ao enunciado. São termos dispensáveis, porém importantes por enriquecerem a compreensão da oração. Os termos acessórios da oração classificam-se em:

- **Adjunto adnominal:** termos que se referem ao substantivo, podem vir acompanhados de uma preposição, geralmente são representados por:

Artigos: As flores vermelhas são **as** minhas preferidas

Numerais: Três carros envolverem em um terrível acidente.

Pronomes adjetivos: Meu óculos quebrou a armação.

Adjetivos: As velhas casas do centro foram destruídas.

Locuções adjetivas: Amor de **mãe** é incomparável.

Observação: O adjunto adnominal de locução adjetiva pode ser confundido com o complemento nominal, já que ambos referem-se a nomes e são preposicionados. Então como saber qual a função do termo? Simples, se o termo estiver referido a um adjetivo ou advérbio não tenha dúvida, será um complemento nominal, pois adjunto adnominal refere-se apenas a substantivos. Agora se o termo refere-se a um substantivo será adjunto adnominal quanto tiver sentido ativo (pratica) e complemento nominal quando estiver sentido passivo (recebe), veja:

O elogio **do diretor** causou espanto ao elenco.
(ajunto adnominal, pois foi o diretor que fez a ação)
O elogio **ao diretor** causou-lhe comoção.
(complemento nominal, pois o diretor recebeu a ação)

• **Adjunto adverbial:** é o termo da oração que se refere a verbos, adjetivos e outros advérbios indicando uma circunstância.

Agradeceu **emocionadamente** o prêmio.

CLASSIFICAÇÃO DO ADJUNTO ADVERBIAL

Advérbio Adverbial	Exemplo	Advérbio Adverbial	Exemplo
de tempo	Chegaram **ontem** as cartas.	de lugar	Comeram **na lanchonete da escola**
de modo	Os cantores cantaram **bem**.	de intensidade	Amo **tanto** você, que nem sei com dizer.
de finalidade	Treinaram **para o jogo**.	de assunto	Falamos **de pedofilia** no congresso.
de causa	O príncipe morreu **envenenado.**	de instrumento	A jovem cantora suicidou-se **com uma corda.**
de companhia	O governador estava **com o presidente.**	de meio	Andamos **de barco** pela orla carioca.

de negação	**Não** gostaram de minha ideia.	de afirmação	Minha ideia será aprovada, **sim**
de matéria	A panela **de barro** era magnífica.	de preço	O sapato saiu **por duzentos dólares**.

- **Aposto:** é o termo da oração que explica ou define um termo anterior, geralmente apresenta-se entre vírgulas ou depois de outro sinal de pontuação.

> Paris, **cidade luz**, foi a escolhida para a lua de mel.
> São Paulo, **terra da garoa**, cidade que nunca dorme.

- **Vocativo:** é um termo que não possui uma relação sintática com outros termos, geralmente está no início da oração e vem separado por vírgula e usado para chamar a atenção de alguma pessoa.

> **Meu filho**, não faça isso.
> Já falei que não tem perdão, **Josefa**.

ORAÇÕES COORDENADAS

Com se sabe, as frases verbais podem constituir período simples ou composto. O período simples caracteriza-se pela presença de apenas uma oração, que recebe o nome de oração absoluta. Os períodos compostos compõem-se de orações coordenadas ou orações subordinadas.

Orações coordenadas são aquelas em que as orações do período composto não possuem relação de dependência. As orações coordenadas são classificadas em oração *coordenada assindética* (não possuem conjunção entre as orações do período composto) e oração *coordenada sindética* (as orações são ligadas entre si por conjunções).

> Escolheu, jogou, rezou, ganhou.
> *(oração coordenada assindética)*
> Os alunos desenharam e cantaram a tarde toda.
> *(oração coordenada sindética)*

As orações coordenadas sindéticas são classificadas segundo as conjunções nelas presentes, observe:

Tipo	Função	Exemplo	Principais conjunções
Aditivas	Ideia de soma, adição	Comemos **e** bebemos muito	e nem (e não) mas também mais ainda com também
Adversativas	Ideia de oposição, de adversidade	Casei, **mas** não sou feliz.	mas /porém todavia / contudo / no entanto

Alternativa	Ideia de alternância, de escolha	A mãe disse ao menino, **ou** sorvete **ou** chocolate.	ou / ou...ou / ora ..ora / quer...quer seja...seja
Conclusiva	Ideia de conclusão	Não foi ao trabalho, **logo** perdeu um dia de serviço.	logo portanto por conseguinte pois (depois do verbo)
Explicativa	Ideia de uma explicação de um acontecimento.	Resolveu pedi-la em casamento, **porque** estava apaixonado.	porque que pois (antes do verbo)

ORAÇÕES SUBORDINADAS

Orações *subordinadas* são aquelas orações que no período composto mantêm uma relação de dependência com a oração principal.

Eu não esperava **que ele voltasse tão rápido**,

Oração subordinada à principal "Eu não esperava"

As orações subordinadas são classificadas em substantivas, adjetivas e adverbiais, levando-se em consideração a função sintática que exercem em relação à oração principal.

- **Orações subordinadas substantivas:** são as orações com valor de substantivos, na grande maioria são introduzidas pelos pronomes se ou que. Exercem a função sintática de sujeito, objeto direto, objeto indireto, predicativo do sujeito, complemento nominal ou aposto. Levando-se em consideração essas funções, as orações subordinadas substantivas classificam-se em:

Subjetiva: quando a oração subordinada funciona como sujeito. Para ser uma oração subordinada subjetiva o verbo da oração principal precisa estar na 3ª pessoa do singular (é bom, é preciso) ou conter verbos na voz passiva sintética (espera-se, compreende-se) ou analítica (é esperado, foi compreendido) e que a oração principal não tenha sujeito.

> É necessário **que <u>os passageiros</u> coloquem as bagagens nos locais adequados.**
> É prudente **que <u>os amantes</u> façam encontros às escondidas.**

Objetiva direta: a oração subordinada funciona como objeto direto da oração principal.

> Creio **que o próximo ano seja melhor.**
> Espero **que ele compreenda os meus receios.**

Objetiva indireta: a oração subordinada funciona como objeto indireto da oração principal.

> Os governantes falaram **de todos os problemas que afetam a sociedade mineira.**
> Os professores gostaram **de todos os trabalhos que tiveram como foco a desigualdade social.**

Predicativa: a oração subordinada funciona como predicativo da oração principal. Essas orações completam o verbo de ligação ser.

> O mais importante é **que sejamos felizes.**
> Nossa esperança é **que o mundo se transforme em um lugar melhor.**

Completiva nominal: a oração subordinada funciona como complemento nominal da oração principal.

> Estou certo **de que ela não me ama mais.**
> Os alunos estavam esperançosos **de que o castigo fosse esquecido.**

Apositiva: a oração subordinada funciona como aposto da oração principal.

> Espero uma coisa: **que sejamos felizes eternamente.**
> Acreditamos em uma coisa: **que a vida passa em segundos.**

• **Orações subordinadas adjetivas:** são as orações

com valor de adjetivo em relação a um termo da oração principal, são introduzidas pelos pronomes relativos que (e flexões o(a) qual, os(as) quais), quem, onde (no qual, em que) e cujo (de que). As orações subordinadas adjetivas classificam-se em:

Restritivas: são as orações que restringem o termo da oração principal a qual se referem.

> As mulheres **que são batalhadoras**
> merecem um lugar ao sol.
> Os alunos **que são dedicados** querem uma chance.

Explicativas: são as orações que explicam o sentido do termo anterior, semelhante a um aposto, porém são introduzidas pelo pronome relativo e vêm separadas por vírgulas.

> As flores, **que produzimos**, percorrem o mundo todo.
> O sol, **que é um astro**, tem bilhões de anos.

- **Orações subordinadas adverbiais:** são as orações que funcionam com um adjunto adverbial do verbo da oração principal. São introduzidas por conjunções subordinativas não integrantes e de acordo com as circunstâncias das conjunções são classificadas em:

Causais: são as orações subordinadas que exprimem uma causa de um fato.

> Chegou ofegante, **porque tinha corrido quarteirões.**

Comparativa: são as orações subordinadas que exprimem uma comparação, seja de superioridade, seja de inferioridade.

> Os atletas correram tanto **que pareciam jaguares à busca de alimento.**

Concessivas: são as orações subordinadas que exprimem uma contrariedade ao fato principal.

> **Embora tenha chegado cedo**, não conseguiu comprar ingressos para o clássico carioca.

Condicionais: são as orações subordinadas que exprimem uma condição para que um fato se realize.

> **Caso consiga terminar o trabalho**, poderemos ir ao cinema.

Conformativas: são as orações subordinadas que exprimem ideia de conformidade em relação à oração principal.

> O teatro estava lotado **conforme prevíamos.**

Consecutivas: são as orações subordinadas que exprimem ideia de consequência em relação à oração principal.

> Saímos tão cansados, **que não percebemos a hora**.

Finais: são as orações subordinadas que exprimem uma finalidade em relação à oração principal.

> Bebeu tanto **para que pudesse esquecer as mágoas de um amor não correspondido.**

Proporcionais: são as orações subordinadas que exprimem a ideia de proporção em relação ao expresso na oração principal.

> **À medida que crescia,** a menina ficava mais parecida com a falecida mãe.

Temporais: são as orações subordinadas que expressam ideia de tempo em que ocorre o fato expresso na oração principal.

> **Desde que chegou à cidade**, o misterioso homem arrancava suspiros das moças.

CONJUNÇÕES SUBORDINATIVAS			
Tipo	Principais conjunções	Tipo	Principais conjunções
Causais	porque /porquanto visto que / visto como	Consecutivas	tão / tal/ tanto tamanho

Comparativas	que / do que qual / como assim / bem como que nem	**Finais**	para que a fim de por- que (que) que
Concessivas:	embora ainda que	**Proporcionais**	tanto mais quanto mais... mais quanto menos quanto menos...
Concessivas	posto que por muito que		menos à medida que à proporção que quanto mais... menos quanto me- nos... mais
Confmidade	como conforme consoante segundo		

ORAÇÕES REDUZIDAS

As orações reduzidas acontecem quando as orações subordinadas (substantivas, adjetivas ou adverbiais) são reduzidas. Essas orações são formadas com o verbo em um de seus estados nominais (infinitivo, gerúndio ou particípio) e não possuem conectivos (conjunções ou pronomes relativos) que as introduzam.

O dono de supermercado aceitou **que se recebesse a devolução dos produtos estragados.**

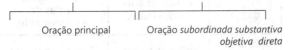

Oração principal   Oração *subordinada substantiva objetiva direta*

O dono de supermercado aceitou **receber a devolução dos produtos estragados.**

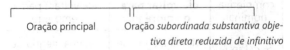

Oração principal   Oração *subordinada substantiva objetiva direta reduzida de infinitivo*

As orações reduzidas são classificadas de acordo com a forma nominal que apresentam e exercem a mesma função que teriam se o período fosse desenvolvido:

- *Oração subordinada* reduzida de infinitivo: são aquelas que apresentam a forma nominal de infinitivo, geralmente são substantivas ou adverbiais e raramente adjetivas.

Oração subordinada reduzida:	Exemplo	Forma desenvolvida
Substantiva subjetiva	É necessário **amar o próximo.**	É necessário que se ame o próximo.
Substantiva objetiva direta	Espero **chegar antes do aniversariante.**	Espero que eu chegue antes do aniversariante.
Substantiva objetiva indireta	Tenho esperança **de ser amada.**	Tenho esperança que eu seja amada.
Substantiva completiva nominal	Estou certo **de ele voltar para o emprego.**	Estou certo de que ele voltará para o emprego.
Substantiva predicativa	Minha alegria de estudante **é ser um aluno nota 10.**	Minha alegria de estudante é que sou um aluno nota 10.
Substantiva apositiva	Dou-lhe apenas um conselho: **acreditar no impossível.**	Dou-lhe apenas um conselho: que acredite no impossível.
Adverbial temporal	**Ao chegar à escola**, encontrei Marcelo.	Quando cheguei na escola, encontrei Marcelo.

Adverbial condicional	**Sem confiar em você**, não passará no exame.	Caso não confie em você, não passará no exame.
Adverbial concessiva	**Apesar de sair cedo,** pegou congestionamento.	Embora saiu cedo, pegou congestionamento.
Adverbial causal	Deixei a festa, **por estar cansado.**	Deixei a festa, porque estava cansado.
Adverbial consecutiva	Pegou um taxi, **para não chegar atrasado ao aeroporto.**	Pegou um taxi, tanto que não chegou atrasado.
Adverbial final	Partiram, **para não haver votação.**	Partiram, para que não tivesse votação.
Adjetiva	Este é o material **de se fazer pias.**	Esta é o material do qual se fazem as pias.

- *Oração subordinada reduzida de gerúndio:* são aquelas que apresentam a forma nominal de gerúndio, geralmente são adverbiais e raramente adjetivas.

Oração subordinada reduzida:	Exemplo	Forma desenvolvida
Adverbial temporal	**Descobrindo o responsável,** modificarei as normas da escola.	Quando descobrir o responsável, modificarei as normas da escola.
Adverbial condicional	**Conhecendo a verdade**, você mudará de opinião.	Uma vez que conheça a verdade, mudará de opinião.
Adverbial concessiva	**Mesmo sabendo dos perigos**, os jovens entraram na mata.	Os jovens entraram na mata, embora soubessem dos perigos.
Adverbial causal	**Notando nuvens carregada**s, peguei o guarda-chuva.	Peguei o guarda-chuva, pois notei nuvens carregadas.

• *Oração subordinada reduzida de particípio*: são aquelas que apresentam a forma nominal de particípio, geralmente são adverbiais ou adjetivas.

Oração subordinada reduzida:	Exemplo	Forma desenvolvida
Adverbial temporal	**Terminada a virose**, voltei para o trabalho.	Quando terminou a virose, voltei para o trabalho.

Adverbial condicional	**Finalizado o serviço**, poderão ir ao cinema.	Se finalizar o serviço, poderão ir ao cinema.
Adverbial concessiva	**Mesmo machucado**, conseguiu pedir ajuda.	Mesmo estando machucado, conseguiu pedir ajuda.
Adverbial causal	**Extraído um dente**, ficou com a boca inchada.	Ficou com a boca inchada, porque extraiu um dente.
Adjetiva	Recebi uma carta amorosa **enviada por um admirador.**	Recebi uma carta amorosa que foi enviada por um admirador.

CONCORDÂNCIA NOMINAL

A concordância nominal é quando artigos, adjetivos, pronomes adjetivos e numerais alteram suas terminações em função do substantivo que acompanham na frase.

A menina vestia um vestido florido.

Casos gerais de concordância entre:

ADJETIVO E SUBSTANTIVO

- O adjetivo concorda em gênero e número com o substantivo a que se refere:

> **As calças amarelas** compunham o armário de Sofia.
> **O short amarelo** compunha o armário de Sofia.

• Um único adjetivo que se refere a vários substantivos de gêneros ou números diferentes:

Se o adjetivo vier antes dos substantivos, concordará com o substantivo mais próximo.

> **As antigas** mesas e sofás sumiram da igreja.

Se o adjetivo vier depois dos substantivos, poderá ir para o masculino plural ou concordará com o substantivo mais próximo.

> A revista e o jornal **americano** trouxeram
> a notícia da morte do Rei do Pop.
> A revista e o jornal **americanos** trouxeram a notícia da morte do Rei do Pop.

• Quando mais de um adjetivo se refere a um único substantivo.

O substantivo vai para o plural e omite-se o artigo do segundo adjetivo.

> **As culinárias francesa** e italiana são apreciadas nos quatro cantos mundiais.

O substantivo fica no singular com a obrigatoriedade de se repetir o artigo antes de cada adjetivo.

> **A culinária francesa e a italiana** são
> apreciadas nos quatro cantos mundiais.

PREDICATIVO E SUJEITO

- **Predicativo de sujeito simples:** o predicativo sempre concordará em gênero e número com o sujeito simples.

> Os meus lábios permaneciam **calados.**

- **Predicativo de sujeito composto:** Quando o predicativo anteceder (antes) o sujeito formado por substantivos de gêneros diferentes, poderão acontecer as seguintes concordâncias:

> **Ir para o plural: São calados** a menina e o rapaz.
> **Concordar com o substantivo mais próximo:**
> **É calada** a menina e o rapaz.

Quando o predicativo suceder (depois) o sujeito, poderão acontecer as seguintes concordâncias:

Caso o sujeito seja formando por substantivos do mesmo gênero, o predicativo vai para o plural respeitando o gênero dos substantivos.

> A blusa e a calça eram **estampadas.**

Caso o sujeito seja formando por substantivos de gênero diferente, o predicativo ficará na forma masculina plural.

> A blusa e o vestido eram <u>estampados</u>.

- Predicativos de sujeito representados por pronomes de tratamento.

Pronomes de tratamento sempre se conjugam na terceira pessoa.

> **Sua** Alteza viajará pela Europa.

E o adjetivo sempre concorda com o sexo da pessoa a quem o pronome de tratamento faz referência.

> Sua Majestade está **furiosa** com a guerra. (rainha)
> Sua Majestade está **furioso** com a guerra. (rei)

NÚMEROS E SUBSTANTIVOS

- Os numerais cardinais concordam com o substantivo a que se referem.

> **Duzentas pessoas** assistiram à peça
> "Dona flor e seus dois maridos".

- Quando o numeral estiver acompanhado de artigo, o substantivo poderá ficar no singular ou ir para o plural.

> **A quarta e a quinta festa** do curso foram as melhores.
> **A quarta e a quinta festas** do curso foram as melhores.

- Não tendo repetição de artigo, o substantivo vai para o plural.

> **A quarta e quinta festas** do curso foram as melhores.

PRONOMES E SUBSTANTIVOS

- Os pronomes concordam em gênero e número com os substantivos a que se referem.

> Naquela rua do bairro mais antigo da cidade, **poucas casas** ainda permaneciam conservadas.

- Caso o pronome se refira a mais de um substantivo de gênero diferente, a concordância será no masculino plural.

> Flores e doces, recebera-**os** sem saber o remetente.

PARTICÍPIO E SUBSTANTIVOS

- O particípio sempre concordará em gênero e número com o substantivo a que se refere.

> **Terminada a reunião,** fomos embora.
> **Terminado o congresso**, partiremos para a França.

Outros casos especiais de concordância nominal:

- As expressões: **É NECESSÁRIO, É PRECISO, É BOM, É PROIBIDO** poderão ter as concordâncias:

Ficam invariáveis quando usadas em frases com sujeito sem determinantes.

> **É necessário** punição aos criminosos.
> **É preciso** liberdade de expressão no jornalismo.
> **É bom água** com açúcar para acalmar.
> **É proibido** permanência no recinto.

Concordam com os substantivos em frases com sujeito acompanhado de determinante.

> **É necessária** a punição aos criminosos.
> **É boa a água** com açúcar para acalmar.
> **É proibida** a permanência no recinto.

- As palavras: **ANEXO, PRÓPRIO, INCLUSO, MESMO, OBRIGADO**, devem concordar com o substantivo a que se referem.

> No relatório, estão **anexas** as provas da fraude.
> **Os próprios** moradores apagaram o fogo.
> As passagens de avião estão **inclusas** no pacote.
> **A mesma** boca que beijei, hoje me nega um sorriso.
> **Obrigada,** disse a moça a sorrir.

• As palavras **BASTANTE** e **MEIO** poderão ter as seguintes concordâncias:

> **Observação:** As palavras caro, muito, longe e pouco seguem as mesmas regras de bastante.

Ficam invariáveis se forem usadas como advérbio.

> Maria estava **meio** cansada.
> Os indicados ao prêmio de melhor ator estavam **bastante** apreensivos.

Concordam com o substantivo se forem usados com adjetivos ou numeral fracionado.

> Comprei **meia** melancia.
> O jogador respondeu **bastantes** perguntas à imprensa sobre a derrota na Copa.

• A palavra **Só** quando exerce a:

Função de advérbio equivale a somente, tornando-se invariável.

> **Só** ele, sofria com o desprezo.

Função de adjetivo equivale a sozinho, tornando-se variável.

> As crianças brincavam **sós.**

> **Observação:** a expressão **a sós** é invariável. Veja:
>
> Estiveram **a sós** por um único instante.
> Estive **a sós** por um único instante.

- A expressão **MENOS** é sempre invariável.

> Os cursos destinados à licenciatura são os **menos** concorridos. / A cada dia que passa **menos** mulheres querem se dedicar apenas a cuidar da casa.

- A palavra **POSSÍVEL** poder ser invariável ou variável.

Quando usada em expressões superlativas com o artigo no singular, torna-se invariável.

> Tentei escrever o maior número de páginas **possível.**

Quando houver um artigo flexionado precedendo a palavra possível, essa será variável.

> Os livros que escolhemos são os melhores **possíveis.**

CONCORDÂNCIA VERBAL

A concordância verbal é quando o verbo concorda em número e pessoa com o sujeito da oração.

A lua bailava no céu e as estrelas a iluminavam.

Casos gerais de concordância entre:

Verbo e sujeito simples: o verbo sempre concordará em número e pessoa com o sujeito a que se refere.

> As musas inspiradoras **cantam**
> belíssimas canções.

Verbo e sujeito composto: admitem-se duas concordâncias:

O verbo vai para o plural.

> A mesa e a cadeira **são** de madeira.

Admite-se o verbo no singular ou plural quando:

> O sujeito é formado por palavras sinônimas ou representam um conjunto significativo.
>
> A felicidade e o amor **permeia** o meu coração.
> A felicidade e o amor **permeiam** o meu coração.

> O sujeito é formando por elementos gradativos.
>
> O vento, a brisa, o ar **tocou** o meu rosto.
> O vento, a brisa, o ar **tocaram** o meu rosto.

O verbo fica no singular quando:

> O sujeito refere-se à mesma pessoa ou objeto.
>
> A casa, a moradia, o lar **é** sonho de muitos e realidade de poucos.

> O sujeito composto é resumido por tudo, nada e ninguém.
>
> Pai, mãe, irmãos, ninguém **impedirá** meus sonhos.

Verbo anteposto (antes) ao sujeito composto.

O verbo vai para o plural.

> **Abriram-se** a janela e porta da misteriosa mansão.

Admite-se a possibilidade da concordância com o núcleo mais perto.

> No congresso, **estava** o presidente e os governadores.

Verbo e sujeito composto por pessoas diferentes.

O verbo vai para o plural da pessoa que prevalecer:

A 1ª pessoa prevalece em relação a 2ª e 3ª pessoas.

> Maria, você e eu **fomos** ao Parque Ibirapuera.

2ª pessoa prevalece em relação a 3ª pessoa.

> Tu e José **sereis** felizes.

Verbo e sujeito representado por um coletivo.

Se o sujeito é formado por um coletivo, o verbo concordará em número e pessoa com ele.

> A quadrilha **fugiu** da polícia.
> As quadrilhas **fugiram** da polícia.

Se o sujeito é formado por um coletivo seguido de um adjunto adnominal admitem-se concordâncias:

O verbo concorda com o núcleo do sujeito

> O enxame de abelhas **atacou** o menino.

O verbo concorda com o adjunto adnominal quando se quer dar ênfase para tal elemento.

> O enxame de abelhas **atacaram** o menino.

> **Observação:** As mesmas regras do coletivo aplicam-se em sujeito formados por número percentual:
>
> Um por cento das arrecadações foi doada.
> Um por cento das arrecadações foram doadas.
> Cem por cento das doses foi aplicada.
> Cem por cento das doses foram aplicadas.
>
> Quando o numeral estiver acompanhado de determinantes, o verbo concordará com o numeral:
>
> Os cem por cento dos estudantes fizeram a prova.

- **Verbo e sujeito constituído de pronomes de tratamento:** nessa construção o verbo sempre irá conjugar-se na 3ª pessoa.

> Vossa Magnificência **realizou** a
> abertura do congresso.

Outros casos especiais

- **Verbo e sujeito constituídos por nomes próprios só usados no plural.**

Quando o nome próprio não estiver acompanhado de artigo, o verbo fica no singular.

> Estados Unidos **atacou** o Japão com
> bombas nucleares, em 1945.

Quando o nome próprio estiver acompanhado de artigo, o verbo vai para o plural.

> Os Estados Unidos **atacaram** o Japao
> com bombas nucleares, em 1945.

- **Verbo e sujeito constituídos pelo pronome relativo QUE.**

Quando o sujeito for composto pelo pronome relativo que, o verbo concordará em número e pessoa com a palavra antecessora desse pronome.

> Era eu que **mandava** as cartas secretas.
> São eles que **merecem** ganhar o prêmio.

- **Verbo e sujeito constituídos pelo pronome relativo QUEM.**

Quando o sujeito for composto pelo pronome relativo quem, o verbo irá para a 3ª pessoa do singular.

> Fui eu quem **contou** toda a verdade.
> Éramos nós quem **comprou** os últimos ingressos.

- **Verbo e sujeito composto formado por infinitivos.**

Sujeito no infinitivo acompanhado de determinantes (artigo, pronome, etc), o verbo vai para no plural.

> O compreender e o refletir **são** necessários
> para o pensamento do ser humano.

Sujeito do infinitivo sem a presença de determinantes, o verbo fica no singular.

> Compreender e refletir **é** necessário
> para o pensamento do homem.

- **Verbo e núcleos do sujeito ligados pela conjunção ou.**

Quando a conjunção ou expressar ideia de exclusão, o verbo fica no singular.

> José Serra ou Dilma Rousseff
> **ganhará** as eleições de 2010.

Quando a conjunção ou não expressar ideia de exclusão o verbo vai para o plural.

> Palmas ou Manaus **são** lindas
> capitais de ser visitadas.

- **Verbo e núcleos do sujeito ligados pela preposição com.nesse caso, o verbo irá para plural.**

> O técnico com os seus jogadores **desembarcaram** na cidade maravilhosa.

> **Observação:** nessa construção admite-se que o verbo fique no singular, caso queira dar ênfase ao núcleo do sujeito que está no singular.

- **Verbo acompanhado da partícula se.**

Quando o verbo estiver acompanhado pela partícula apassivadora se, ele concordará com o sujeito da oração.

Vendem-se roupas.

Quando a partícula se indicar índice de indeterminação do sujeito, o verbo ficará no singular.

Precisa-se de costureiras.

- **Verbo e sujeito formado pelas expressões:**

Expressão	Regra de concordância	Exemplo
Um ou outro	O verbo fica no singular	Um ou outro contará a verdade.
Um e outro Nem um nem outro Nem...nem	O verbo vai para o plural	Nem meu pai nem minha mãe saberão com estou.
Um dos que Uma das que	O verbo vai para o plural	O presidente foi um dos que defenderam a lei contra a poluição ambiental.

Mais de **Menos de**	O verbo concordará com o numeral que acompanha a expressão.	Mais de um candidato teve o mandato cassado. Mais de vinte candidatos tiveram o mandato cassado.
Quais de nós **Quantos de nós** **Alguns de nós** **Muitos de nós**	O verbo poderá ficar na 3ª pessoa do plural se concordar com o pronome indefinido ou interrogativo. Ou o verbo concorda com o pronome pessoal.	Quantos de nós viajarão para o nordeste. Quantos de nós viajaremos para o nordeste?

• Verbo e sujeito formado por números percentuais

O verbo poderá concordar com o numeral ou com a palavra a qual se refere.

> Um por cento dos candidatos
> **promoveu** boca de urna.
> Um por cento dos candidatos
> **promoveram** boca de urna.

O verbo obrigatoriamente concordará com o numeral se este estiver acompanhado de um determinante.

> Os vinte e cinco por cento do artista **foram depositados** em uma conta bancária.

Concordância de alguns verbos:

Verbo	Regra de concordância	Exemplo
Dar Soar Bater	Quando esses verbos indicam horas, a concordância acontece com o número das horas.	**Deram** seis horas, ele não tinha chegado. **Deu** uma hora no relógio mais famoso do mundo: o Big-bang.
Faltar Sobrar Bastar	Esses verbos concordam com o sujeito em número e pessoa.	**Faltam** dois meses para o nascimento do bebê. **Sobrou-me** apenas a lembrança do passado. **Bastam** dois dias de repouso e estará recuperado.

Haver **Fazer**	Com são verbos impessoais ficam na 3ª pessoa do singular.	**Faz** três anos que namoramos. **Há** várias oportunidades de empregos o que falta é profissionais qualificados.
Parecer	Quando o verbo vier antes do infinitivo admitem-se duas concordâncias: Flexiona-se apenas o infinitivo. Flexiona-se apenas o verbo parecer. Quando o verbo aparecer em uma oração desenvolvida, o verbo ficará no singular.	As estrelas **parecia** bailarem no céu. As estrelas **pareciam** bailar no céu. Os seus **parecia** que queriam revelar alguma coisa.
Ser	Quando o sujeito indicar peso, medida, quantidade e vier acompanhado das palavras ou expressões pouco, muito, menos de, o verbo ficará no singular.	Dois quilos de açúcar **é** muito. / Dez toneladas de cana **é** menos do que necessitamos

Ser	Quando sujeito e predicativo possuírem flexões diferentes o verbo vai para o plural.	A vida **são** momentos de altos e baixos.
	Quando o sujeito e o predicado referirem-se à pessoa, o verbo concordará com ela.	Marcos **era** as angústias da família.
	Quando o sujeito ou predicativo for pronome pessoal, o verbo concordará com o pronome.	A vencedora do concurso **sou** eu.
	Quando o sujeito for tudo, aquilo, isso, isto, o verbo concordará com o predicativo	Tudo **eram** mentiras no nosso casamento.
	Quando o verbo estiver indicando hora, dias ou distância, ele concordará com o numeral.	**São** duas léguas de distância. / **Eram** quatorze de janeiro quando ela partiu. / É primeiro de janeiro.
	Quando acompanhado dos pronomes interrogativos que ou quem, o verbo concordará com o predicativo.	Que **são** figuras de linguagem? / Quem **é** você?

REGÊNCIA

É a parte da gramática que estuda as relações entre os termos que compõem uma oração. A regência pode ser verbal, quando o termo regente é um verbo, e nominal, quando o termo regido é um nome (substantivo, adjetivo ou advérbio).

Regência verbal

Acreditamos em Deus.

termo regente *(verbo)*   termo regido *(objeto direto)*

Regência nominal

Os alunos estavam esperançosos de que o castigo fosse esquecido.

termo regente *(adjetivo)*   termo regido *(oração subordinada subs tantiva completiva nominal)*

REGÊNCIA VERBAL

Na Língua Portuguesa encontram-se as seguintes estruturas verbais:

Tipo de verbo	Complemento	Pronomes oblíquos	Exemplo
Verbo de ligação	Predicativo	-	Maria é amável.

Verbo intransitivo	Não necessitam de complementos	-	Maria nadou.
Verbo transitivo direto	Necessita de um objeto direto	o (os) e a(as) e variações	Ju colheu as flores.
Verbo transitivo indireto	Necessita de um objeto indireto	lhe(s)	Maria precisa de ajuda.
Verbo transitivo Direto e indireto	Necessita de um objeto direto e objeto indireto	o(s) e a (as) e variações e lhe (s)	Bia ofereceu flores ao seu ajudante.

Entretanto alguns verbos podem ser transitivos diretos ou indiretos. Isso só é possível por causa da regência empregada. Observe alguns casos:

• **Aspirar**

Transitivo direto significando "inspirar, sugar".

> Aspiramos o ar puro do campo.

Transitivo indireto quando significar "ambicionar, desejar, almejar". (necessita da preposição a)

> Os candidatos aspiram ao cargo de presidente.

• **Assistir**

Transitivo indireto acompanhado da preposição a

e significar "presenciar, ver".

Assistiu ao jogo no maior estádio do mundo.

Transitivo indireto acompanhado da preposição a e significar "caber, pertencer".

Assiste à família educar os filhos.

Transitivo direto quando o verbo significar "ajudar, prestar assistência".

Os bombeiros assistiram os moradores afetados pelo deslizamento no Morro do Bumba.

Intransitivo no sentido de "morar, residir", nesse caso vem acompanhado da preposição **em.**

O presidente assiste no Palácio do Planalto.

• **Atender**

Transitivo direto significando "conceder, deferir um pedido".

O pai atendeu as súplicas da filha.

Transitivo direto quando significar "acolher"

A telefonista atendeu as reclamações.

Transitivo indireto no sentido de "satisfazer, atentar, observar", vem acompanhado da preposição **a**.

> Aquele vestido atendia à vontade da noiva.

Transitivo indireto quando significar "levar em consideração", vem acompanhado da preposição **a**.

> Eram indisciplinados, mas atendiam aos professores.

• **Chamar**

Transitivo direto significando "convidar".

> O prefeito chamou os parlamentares para uma reunião.

Quando significa "denominar, cognominar, apelidar, tachar" o verbo admite duas construções: transitivo direto ou transitivo indireto.

Transitivo direto (objeto direto + predicativo)

> A esposa chamou-o amoroso.

Transitivo indireto (objeto direto + predicativo com preposição)

> A esposa chamou o marido de amoroso.

Transitivo indireto (objeto indireto + predicativo)

> O árbitro chamou-lhe de simulador.

Transitivo indireto (objeto indireto + predicativo com preposição)

> O árbitro chamou o jogador de simulador.

● **Custar**

Transitivo indireto quando significar "ser difícil, ser custoso" é acompanhado da preposição **a**.

> A bola custou a sair do buraco.

Transitivo direto quando significar "acarretar".

> O ciúme custou-lhe o verdadeiro amor.

● **Esquecer e lembrar**

Transitivos diretos quando não forem pronominais.

> Esqueceram o aniversário da mãe.

Transitivo indireto quando forem pronominais, vêm acompanhados da preposição a.

> Esqueci-me do aniversário da minha mãe.
> Lembrei-me da infância saudosamente.

Transitivo indireto o verbo esquecer significar "cair no esquecimento" e o verbo lembrar " vir à lembrança".

> Esqueceram-me todas as promessas de amor.

Transitivo direto quando o verbo lembrar significar "recordar".

> Alex lembra o meu antigo namorado.

Transitivo direto e indireto quando significar "advertir".

> Lembramos aos vestibulandos o horário de sigilo.

• **Informar**

O verbo informar é um verbo transitivo direto e indireto, entretanto admitem-se duas construções.

Tem-se a pessoa com objeto direto e a coisa com objeto indireto.

> Informamos os alunos do cancelamento da festa.

Tem-se a pessoa com objeto indireto e a cosia como objeto direto.

> Informamos aos alunos o cancelamento da festa.

• **Pagar e Perdoar**

Transitivo direto o objeto refere-se à coisa.

> Quem ama perdoa os defeitos da pessoa amada.

Transitivo direto o objeto refere-se à pessoa, vem acompanhado da preposição.

> A professora não perdoou aos alunos.

Transitivo direto e indireto quando os verbos possuem os dois objetos.

> O patrão pagou os salários aos empregados.

• **Precisar**

Transitivo direto ou indireto quando significar "necessitar".

> Preciso mais tempo livre em minha rotina.
> Preciso de mais tempo livre em minha rotina.

Transitivo direto quando significar "marcar". Nesse caso, não é acompanhado da preoposição **de.**

> O relógio da sala precisou dozes badaladas.

• **Proceder**

Intransitivo quando significar "Ter precedência, ter fundamento".

> As críticas aos professores não procedem.

Transitivo indireto quando significar "originar-se,

provir de" e estiver acompanhado da preposição **de.**

> As trufas procederam da Itália.

Transitivo indireto quando significar "dar início" e estiver acompanhado da preposição **a.**

> O julgamento procedeu à porta fechada.

• **Querer**

Transitivo direto quando significar "desejar".

> A consultora queria 50 por cento de entrada.

Intransitivo direto quando significar "estimar, gostar" e estiver acompanhado da preposição **a.**

> Quero a meus pais.

• **Visar**

Transitivo direto quando significar "apontar, mirar".

> O arqueiro visou o alvo e disparou a flecha.

Transitivo direto quando significar "passar visto".

> A professora visou o caderno dos alunos.

Transitivo indireto quando significar "pretender, ter em vista", vem acompanhado da proposição **a**.

O estudante visou ao prêmio de melhor aluno.

Relação de alguns substantivos e adjetivos com as respectivas regências

acessível a	cúmplice em	favorável a	necessário a
aceito a	curioso de	fiel a	negligente em
acostumado a, com	descontente com	generoso com	passível de
afável com, afável para	doente de	gordo de	perito em
aflito com, aflito por	doutor em	hábil em	piedade de
alheio a, de	devoção a, por, com	impossível de	propenso a
amor a, por	imune a, de	próximo a, de	
apaixonado de, por	dúvida em, sobre	indiferente a	rebelde a
apto a	erudito em	inexorável a	respeito para com, a, com, de, por
bacharel em	essencial para	leal a	rico de, em
conforme a	estéril de	lento a	seguro de
contemporâneo a, de	estranho a	maior de, entre	situado a, em, entre
cuidadoso com	fácil de	menor de	útil a, para

CRASE

Na Língua Portuguesa, a crase, indicada pelo acento grave (`), representa a fusão de duas vogais idênticas: a +a = à. Para que ocorra essa fusão é necessário que a preposição a venha seguida de:

- o artigo feminino a ou as

> Fui a + a praia. / Fui à praia.

- a letra 'a' dos pronomes aquele(s), aquela(s) e aquilo(s)

> Fui a+ aquele bar. / Fui àquele bar.

- o artigo 'a' do pronome relativo a qual e flexão (as quais)

> A escola a + a qual iremos fica longe.
> A escola à qual iremos fica muito longe.

- o pronome demonstrativo a ou as (=aquela, aquelas)

> Esta revista é semelhante a+ a que me mostraste.
> Esta revista é semelhante à que me mostraste.

Como descobrir o uso da crase?

Haverá crase quando o termo anterior exigir a preposição **a** e o termo posterior admitir o artigo **a** ou **as**. Para saber se o uso da crase faz-se necessário, basta trocar o termo posterior a crase por uma palavra masculina correspondente, se nessa modificação aparecer a preposição ao, o uso da crase é necessário.

REGRAS PARA USO DA CRASE		
	Casos	**Exemplos**
Crase obrigatória	Em locuções adverbiais (femininas) de tempo, modo e lugar. (à vista, à direita, às escondidas, às vezes, à parte, às claras, à disposição de, à toa)	Cheguei às duas da tarde. / Casou às escondidas. / Vire à esquerda. **Observação:** Para saber se a crase é necessária em expressões que indicam números, basta trocar o número por meio-dia e se obtiver ao meio dia usa-se crase.
	Em locuções prepositivas: à+ palavra feminina + de. (à procura de, em frente à,)	Ela saiu à procura de emprego. Em frente à farmácia há um ponto de ônibus.
	Em locuções conjuntivas: à+palavra feminina+que. (à medida que)	À medida que pensava, percebia o erro.
	Diante das expressões: à moda de e à maneira de, mesmo que essas palavras estejam subentendidas e diante de palavras masculinos.	Fez o gol à Romário.(à moda de Romário). Saiu à francesa. (à maneira dos franceses)

Crase opcional	Diante de pronomes possessivos femininos: minha, sua,	Dirigiu-se à minha mãe. Dirigiu-se a minha mãe.
	Com nomes próprios de pessoas do sexo feminino.	Eu me referi à Marli. Eu me referi a Marli.
	Depois da preposição até.	A rua vai até à rodovia. A rua vai até a rodovia.
Crase proibida	Diante de palavras masculinas	Eu andava a cavalo.
	Diante de verbos	Joca começou a estudar.
	Diante das palavras esta, essa, cuja	De valor a essa conquista.
	Com pronomes pessoais, inclusive de tratamento.	Obedeço a ela, com muito orgulho.
	Palavras que estejam no plural enquanto o artigo/preposição estiver no singular.	Refiro-me a crianças de 5 anos de idade.
	Entre palavras repetidas.	Eles ficaram frente a frente pela última vez.
	Diante da palavra casa no sentido de lar.	Voltamos cedo a casa.
	Diante da palavra terra no sentido oposto a água.	Os sobreviventes chegaram a terra.

FUNÇÕES: 'QUE' E 'SE'

A PALAVRA QUE

Funções Morfológicas do QUE		
Função	**Contexto**	**Exemplo**
Substantivo	acompanhado de artigo ou determinante, for acentuada e equivaler a alguma coisa.	Ela tem um quê de sedução.
Preposição	ligar dois verbos e equivaler a de.	Tenho que estudar para a prova de português.
Interjeição	exprimir um espanto e estiver acentuado.	Quê! Você passou!
Advérbio	alterar um adjetivo ou outro advérbio e equivaler a quão / quanto.	Que linda é a sua casa.
Partícula expletiva	exprimir ênfase e puder ser retirado sem comprometer a frase.	Elas é que decidiram voltar ainda hoje.
Pronome relativo	referir-se ao termo antecedente, pode ser substituído por o qual, a qual, os quais e as quais.	Esta é a mala que perdemos.

Pronome indefinido substantivo	equivaler a que coisa.	Você gosta de quê?
Pronome indefinido adjetivo	vier junto e modificar o substantivo.	Que comida é essa? / Que roupa é essa?
Conjunção	ligar duas orações, podem ser classificado como: Conjunção coordenativa ou Conjunção subordinativa	Venha logo, que estou esperando.

Além das funções morfológicas, a palavra que poderá assumir as seguintes funções sintáticas:

- **Sujeito**: A lua, que é luz dos amantes, está encoberta pelas nuvens.

- **Objeto direto**: Os livros que escrevo são a minha liberdade.

- **Objeto indireto**: Os jogos a que assistimos foram espetaculares.

- **Predicativo do sujeito**: A flor que era belíssima morreu.

- **Complemento nominal**: Os objetos de que precisamos, acabaram de chegar.

- **Adjunto nominal**: O vestido com que fui a festa rasgou.

• **Agente da passiva**: Veja todas as razões por que não caso.

A PALAVRA SE

Funções Morfológicas do SE			
	Função	**Contexto**	**Exemplo**
Pronome	Pronome apassivador / apassivadora	Empregado com verbos transitivos diretos na voz passiva pronominal ou sindética.	Vendem-se casas.
	Índice de indeterminação do sujeito	com verbos intransitivos ou transitivos indiretos, com função de indeterminar o sujeito.	Precisa-se de professores de inglês.
	Pronome reflexivo	Equivaler a sim mesmo, podendo desempenhar as seguintes funções sintáticas:	Capitu penteou-se lentamente.
		• Objeto direto: com verbos transitivos diretos.	Maria acha-se muito importante.
		• Objeto indireto: com verbos transitivos indiretos.	A mãe orgulha-se de todos os filhos.
		• Sujeito de um infinitivo.	

204

	Pronome reflexivo	• Partícula integrante do verbo: quando se associa a verbos pronominais sem função sintática.	Bia deixou-se envolver pelas doces palavras de Miguel.
Conjunção	Subordinativa integrante	Utilizado em orações subordinados substantivas.	Leo não sabe se vai passar na prova de direção.
	Subordinativa condicional	Utilizado em orações subordinadas adverbiais condicionais	Se não casar, vai ficará para titia.
	Partícula expletiva ou de realce	É usada apenas para realçar, sem função sintática.	Os alunos saíram-se cabisbaixos.

PONTUAÇÃO

A pontuação é expressa por elementos (sinais) que exercem a função de marcar as pausas e entonações na leitura; separar palavras, expressões ou orações; distanciar o duplo sentido, esclarecendo as extensões da frase.

> **Observações:** É preciso saber que nunca se separa termos essências de uma oração (sujeito, verbo, objetos e predicativos).
>
> Eu disse a verdade. (eu- sujeito, disse –verbo, a verdade – objeto direto)

VÍRGULA (,):

- Empregada para separar orações justapostas.

> A rua, a avenida, os prédios, as calçadas são características da cidade.

- Para separar vocativos.

> Caro Eduardo, espero que esteja tudo bem.

- Para separar aposto ou certos predicativos.

> Afonso, nosso diretor, chegou mais cedo do que todos.

- Para exprimir explicações.

> A pátria, isto é, o país de nascimento, de origem não precisa ser exaltado.

- Para isolar orações intercaladas:

> Dessa maneira, disse ela, não quero mais ler com vocês.

PONTO-E-VÍRGULA (;):

- Indica uma pausa mais leve que a vírgula.

> Leo já tentou fazer gols de diversas maneiras;
> de escanteio, do gol, de bicicleta,
> algumas vezes teve êxito outras não.

DOIS-PONTOS (:):

- Empregado para anunciar fala de personagens.

> A mãe chegou em casa, dizendo: -
> não quero que saiam hoje de casa,
> está muito frio lá fora.

- Antes de citação.

> Como diz o ditado: água mole em pedra
> dura, tanto bate até que fura.

- Antes de certo apostos, geralmente quando indicam enumeração.

> Tudo contribui para o êxito das férias:
> o sol, o mar, os amigos, as bebidas.

- Com a finalidade de esclarecer.

> Resultado: todos serão punidos pelas suas ações.

PONTO DE EXCLAMAÇÃO (!):

- Depois de interjeições ou frases exclamativas.

> Meu Deus!

- Depois de aposto pode substituir a vírgula se houve a intenção de enfatizar.

> Menino! Saia daí agora.

PONTO DE INTERROGAÇÃO (?):

- Empregado em perguntas diretas.

> Você não vai viajar conosco por quê?

PONTO FINAL (.):

- Empregado para encerrar o período.

> Eu sei que devo me dedicar para ter êxito profissional.

- Em abreviaturas.

> O Prof. Alexandre Magno não estava presente na abertura dos jogos escolares.

RETICÊNCIAS (...):

Usadas para indicar interrupção ou prolongamento do pensamento.

208

> Aquele professor... melhor não comentar.

- Para sugerir continuação.

> Se você me ajudar... prometo... seguir seus
> conselhos daqui para frente.

- Com a finalidade de interpelar alguém.

> Mário... você deve participar dessa seleção.

- Para indicar a supressão de palavras, indicando o corte de determinadas palavras que constituíam um período.

> A arte da guerra explica o autor... faz parte da vida.

PARÊNTESES ( ):

- Indicados para isolar orações, palavras ou termos.

> No inverno agasalhar-se bem (dependendo da intensidade), usando luvas, cachecol, botas, meia calça, etc.

TRAVESSÃO (–):

Em algumas situações, ou conforme o estilo que o autor escolhe, pode vir a substituir, vírgulas, parênteses ou dois pontos.

- Usado nos diálogos para marcar mudança de interlocutor.

> – Mãe me ajude com estas compras. Pediu a menina.
> – Já estou a caminho. Retrucou a mãe.

- Para separar frases ou expressões explicativas.

> Vou votar nesta candidata – acredito, eu –
> porque é a mais preparada.

- Para ligar os destinos de um itinerário.

> Excursão marcada Goiânia – Rio de Janeiro.

ASPAS (""):

- São usadas para isolar citações.

> "Há momentos em que a maior sabedoria é parecer
> não saber nada". (A arte da guerra – Sun Tzu)

- Para marcar as palavras estrangeiras do texto.

> "Liberté, igualité e fraternité" são ideiais franceses
> que sugiram no período conhecido como iluminismo.

COLCHETES ([ ]):

- Indicados para isolar orações, palavras ou termos, de escritos filosóficos, científicos ou didáticos.

> Literatura [do latim littera] é a capacidade
> de criar a partir da imaginação.

ASTERISCO (*):

- Usado para indicar nota de rodapé.
- Para indicar um verbete, em enciclopédia.
- Para substituir um nome que não pretende revelar.

> A revista *

FIGURAS DE LINGUAGEM

- **Metáfora:** Acontece com a mudança de significado de um termo, o generalizando. É valido que nela não há união por elementos extras, porque nestes casos o que acontece é uma comparação.

> São Paulo é uma selva de pedra. (São Paulo é grande como uma selva, e o termo pedra faz alusão a ideia de cidade, desvinculando da natureza típica da selva)

Observação: São Paulo é como uma selva de pedra. (não é metáfora e sim comparação, pois utilizou o elemento como).

- **Metonímia:** substitui uma palavra por outra, que se relaciona com o assunto. As trocas acontecem:

- **Efeito para causa**

> A *gripe* espalhou a morte. (no lugar de vírus)

Autor pela obra

> Nada melhor do que *ler Drummond*. (no lugar de obras, poesias produzidas por Drummond)

Objeto por pessoa

> Ele ainda é só uma *foca*. (jornalista inexperiente)

Continente por conteúdo

> A *África* clama por ajuda. (ao invés de Africanos)

Lugar por habitantes ou produtos

> Prefiro o *madeira*. (do que o vinho da ilha da madeira)

Abstrato por concreto

> Levaram a *santidade* sob proteção para a favela do Rio de Janeiro. (no lugar do Papa João Paulo II)

Parte pelo todo

> Todos os moradores possuem *teto*. (ao invés de casa)

Singular pelo plural

> A praia é o lugar predileto do *carioca*. (ao invés de cariocas, pois se trata da população do Rio de Janeiro)

Espécie pelo indivíduo

Siga os mandamentos do *bom pastor*. (Jesus Cristo)

O indivíduo pela espécie

Este menino é o *Judas* da família. (no lugar de traidor)

A qualidade da espécie

Os *imortais* bebem sangue e fogem do sol. (vampiros)

A matéria pelo objeto

No casamento o tinir dos cristais deixa todos atentos ao discurso.

- **Perífrase:** Os seres são econhecidos por alguns de seus atributos particulares, ou algum acontecimento histórico que os marcou como tal.

A *cidade das luzes* é meu sonho de consumo. (referente a Paris, em função do iluminismo)

- **Sinestesia:** Amplia e mistura os sentidos humanos para significações simbólicas.

Encontrei-me no *calor* dos seus olhos. (expressão forte do olhar, impulsionada pela emoção)

- **Elipse:** Quando há uma supressão de algum termo da frase, conhecido como economia linguística.

> Mariana estava chateada. *Preferiu* não comentar o assunto. (supressão de ela, início da segunda oração)

- **Polissíndeto:** Repetições intencional de conjunções com a finalidade de apresenta uma sequência de ações, apresenta a movimentação das ações.

> Chegaram os alunos, e os professores, e os pais, tudo ao mesmo tempo na formatura.

- **Inversão:** Modifica a ordem comum das frases (sujeito-verbo-predicado) para marcar destaque.

> *Aquário*, já não quero mais ter.

- **Anacoluto:** Há uma interrupção da ligação da frase, nos elementos entre si, ficando um elemento completamente perdido na frase, desligado desta, este não exerce nenhum tipo de função e caracteriza o anacoluto.

> Essas crianças de hoje são muito avançadas.

- **Silepse:** A concordância acontece com a ideia que se tem dos termos e não com a natureza dos elementos. Também chamada de concordância ideológica, pode acontecer em três casos:

De gênero:

Vossa Excelência será alertada de tudo. (o presidente)

De número:

"*Corria* gente de todos os lados, e *gritavam*". (M. Barreto)

De pessoas:

Ela e eu nunca concordamos com nada. (nós)

- **Onomatopeia:** Imitação das vozes / sons dos seres

O *zum! zum!* vinha do quarto ao
lado, e o incomodava grandemente.

- **Repetição:** Retoma o mesmo termo mais de uma vez com a finalidade de enfatizar uma ideia ou se referir a uma progressão.

Eu te amo muito, muito, muito.

- **Antítese:** Recurso em que se aproximam termos, palavras ou expressões com sentido oposto.

A vida é feita de alegrias e tristezas.

- **Apóstrofe:** O locutor interrompe propositalmente o seu discurso para interpelar as pessoas sobre coisas fictícias ou reais, existentes ou inexistentes.

> "Deus te leve a salvo, brioso e altivo barco, por entre as vagas revoltas." (José de Alencar)

- **Eufemismo:** Palavras que suavizam um termo e substituem os termos reais com a finalidade de amenizar uma situação.

> Fulano bateu as botas. (morreu)

- **Gradação:** Refere-se a uma colocação em sequência de ideias, sendo distribuídas de forma ascendente ou descendente.

> Estou triste, magoada, depressiva.

- **Hipérbole:** consiste no exagero de expressões com a finalidade de esclarecer as intenções, aumentar a ideia, intensificar o significado.

> Tenho uma montanha de trabalho para finalizar.

- **Ironia:** Quando o discurso é dito de maneira inversa, se diz aquilo que não se pensa, com um tom sarcástico.

> Fiquei muito feliz com o bolo que levei.
> (quando na verdade ficou triste)

- **Personificação:** Dá voz ou sentimento a seres inanimados ou irracionais, essa figura também é conhecida como animização.

> "Os sinos chamam para o amor." (Mário Quintana)

- **Reticência:** É suspensão do pensamento no meio ou no final da frase, deixando o final ou meio sem colocação.

> "De todas, porém, a que me cativou logo foi uma ... uma ... não sei se digo" (Machado de Assis)

- **Retificação:** Confirma uma sentença anterior.

> A jogadora, aliás uma excelente jogadora, não conseguiu fazer nenhum gol na copa do mundo.

VÍCIOS DE LINGUAGEM

- **Cacofonia ou cacófato:** A ligação entre duas palavras promove um som ridículo ou estranho, a partir de certos vocábulos das palavras.

> Eu amo ela. (durante a leitura constrói-se a palavra moela, que não tem nada a ver com o contexto)

- **Estrangeirismo:** consiste no emprego de palavras ou expressões estrangeiras em frases portuguesas.

> Estou muito triste, mas fazer o que? c'est la vie! (expressão francesa que significa, é a vida!)

- **Ambiguidade:** Frases que indicam duplo sentido,

em função do não esclarecimento de todos os termos da frase.

> Ela e sua amiga jogavam em sua casa. (casa de quem?)

- **Barbarismo:** Palavras que possuem algum tipo de erro, seja na forma, seja na significação, seja na pronuncia.

> Vou contratar um bom adivogado e vencer a disputa.

- **Colisão:** Quando consoantes iguais ou semelhantes são postas próximas uma a outra, causando um som desagradável.

> O rato roeu a roupa do rei de Roma.

- **Eco:** Competição das palavras com a mesma terminação, por exemplo, rimas em prosas.

> Ele me trata com *amor* e *calor.*

- **Obscuridade:** a má colocação dos termos na frase ocasiona a falha na interpretação do assunto.

> Um fazendeiro tinha um bezerro e a mãe do fazendeiro era também o pai do bezerro.

- **Pleonasmo:** Colocação desnecessária dos termos em uma frase, causando a redundância da oração.

> *Entrei* para dentro e lá estavam eles.

- **Solecismo:** Quando há erro na sintaxe da frase ou oração.

> *Faziam* anos que não nos víamos. (o correto é fazia)

- **Preciosismo, rebuscamento**: também conhecido como maneirismo, são orações cheias de palavras bonitas, o famoso "falar bonito", mas sem ideias.

> O fulvo e voluptuoso Rajá celeste derramará além os fugitivos esplendores da sua magnificência astral e rendilhará d'alto e de leve as nuvens da delicadeza, arquitetural, decorativa, dos estilos manuelinos.